Leaves Publishing

根　以讀者為其根本

莖　用生活來做支撐

葉　引發思考或功用

果　獲取效益或趣味

諸葛亮，你在說什麼？

岑石◎編著

諸葛亮，你在說什麼？

編　著　者：岑石
出　版　者：葉子出版股份有限公司
發　行　人：宋宏智
總　編　輯：賴筱彌
企　劃　編　輯：王佩君
責　任　編　輯：林淑雯
內　頁　插　畫：老外
封　面　設　計：呂慧美
印　　　務：黃志賢
地　　　址：台北市新生南路三段88號7樓之3
電　　　話：(02)23635748　　傳　真：(02)23660313
E-mail：leaves@ycrc.com.tw
網　　　址：http://www.ycrc.com.tw
郵　撥　帳　號：19735365　　戶　名：葉忠賢
印　　　刷：鼎易印刷事業股份有限公司
法　律　顧　問：北辰著作權事務所
初　版　一　刷：2003年12月　　定　價：新台幣 280 元
I S B N：986-7609-10-7

總　經　銷：揚智文化事業股份有限公司
地　　　址：台北市新生南路三段88號5樓之6
電　　　話：(02)23660309
傳　　　真：(02)23660310

諸葛亮，你在說什麼？／岑石編著.
初版.--台北市：葉子, 2003〔民92〕
　　面：　公分.--（忘憂草）
　　ISBN 986-7609-10-7（平裝）
1.修身--通俗作品

192.1　　　　　　　　　　　92017534

※本書如有缺頁、破損、裝訂錯誤，請寄回更換

前言

　　在漫悠的中國歷史中，有些人留下的影響力既深且遠，他們的思想、智慧、勇氣、智謀、道德，成為我們學習與效法的對象。透過他們所留下來的有限文字及資料，讓我們得以速成的方式了解人生的內涵，進而正視、規劃自己的人生。

　　現在的世界，多采多姿，詭譎萬變。這是古人沒有辦法想像的。但現代人真的比古人更了解自己的世界、更洞悉生命的意義嗎？這也是現代人沒有辦法回答的。這個世界急遽發展的結果，除了速食文化之外，又讓現代人知道了些什麼呢？又懂得了些什麼呢？這又是令人尷尬、難回答的問題。

　　從此一叢書中，我們可以看到，有的先人以自己的思想著作影響世人，有的先人自己親身創造歷史，有的先人只想做天空裡的一片雲，卻不小心時時投影在你、我的心中。在歷經千年、百年後，在中國文化已然變質的今日，他們的人生依然讓我們心嚮往之，他們深藏在心底的智慧，依然以瀟灑、曠達、智詰、謀略、自然……的姿態展現在我們的眼前。

　　以一書一人物的活潑、輕鬆筆調請這些看似高居雲端的先人們走入凡間，走入我們的生活裡，一起探討我們所遺失的智慧在哪裡？我們是否太粗心，以致於讓智慧擦肩而過？我們的生活是否因為充塞了沒有生命的資訊而失去了生機？我們的人生是否應該做某種程度的調整，甚至和古聖先賢作連線？

　　《諸葛亮，你在說什麼？》一書，是以故事的形式表現，在每篇的文末皆附有小小的生活智慧，供讀者省思。先人的智慧有如流水，有的人看見水奔流不息，想到自己應該學習它，不捨畫夜地奔赴理想；有的人看見水滋潤萬物，想到自己應該效法它，源源不斷地養護生命。先人的智慧，因為有您的省思，不再是死的資訊，先人的智慧，因為有您的學習和效法，它活在您人生的每一分秒中。

編輯部

目錄

做的好！記得要給糖吃

凡是人，不論年齡有多大，三歲孩兒也罷，成人也好，都有被人賞識、發現、承認的需要，套句西方哲學家的話來說，就是每一個人都有自我價值實現的慾望與需求。

話說馬超在平定益州的過程中，深得劉備的喜愛，不久就被拜為平西將軍。而鎮守荊州的關羽看到了，想想自己遠在荊州，做了不少事，才略、功勞也不在馬超之下，但這一切還不如馬超來得受人肯定，心裡越想，越是不平衡。

諸葛亮知道了這種情形，便連忙寫了一封信給關羽。在信中，對關羽的功績、才具，給予充分的肯定，他說：「雖然馬超文武俱全，雄威過人，可比之於西漢的勇將黥布、彭越，但與美髯公關羽比，還稍遜一籌。」

這封充滿肯定的信，傳到關羽的手中，讓關羽感到自己存在的價值，怨忿之氣一下子就煙消雲散了。

諸葛亮十分懂得常人的這種心理需求，他深知在恰當的時候對於部下的善行、功績，哪怕是一點點，給予精神或物質上的獎勵，是一種有效的人心掌握術。

在街亭戰役的前後，諸葛亮所派的各路大軍幾乎都出師不利，而只有獨自斷後於箕谷道中的趙雲，他所率領的大軍在歸來時「不曾折一人一騎，輜重等器，亦無遺失。」照道理來說，趙雲的部隊能夠這樣，也算不上什麼奇功偉績，真要說起來，也不過是尺寸之功罷了。但是，為了鼓舞士氣，諸葛亮還是沒有忘記給他們記功論賞，在直誇趙雲是「真將軍」的同時，還取金五十斤，贈與趙雲，又取絹一萬匹，賞賜趙雲的部下。趙雲和眾士兵見此，全都備受鼓舞。

對於諸葛亮的「小善必錄，小功必賞」的方法，漢武帝身旁有一個叫張湯的人就很懂得這個道理，他也因此政績顯著，很快地由一個地方的小吏爬到了副宰相的位置。

有一次，張湯審理一個案子，在最後送漢武帝批准時，武帝並沒有十分滿意，便發回重審。不久，張湯把重審的案子再度呈武帝核准時，武帝龍心大悅，厚加褒獎。哪知道張湯卻舉出自己部下的名字說：「審這個案子雖然花了我不少的力氣，但還需要我下面的人幫忙才行。要不是我的部下某某某向我提了一個好建議，也許案子就不會辦得如此漂亮了。」那個被張湯點名讚揚的部下事後知道了這件事情，內心的激動可想而知。

 生活智慧

　　身為領導者，如果對部下的一點點小小功績，能夠發現並給予相應的鼓勵，這樣小小的動作會讓部下有這樣的認知：領導者注意到自己了、領導者看得起自己、領導者賞識自己、領導者器重自己。在這樣的認知下，部下必然會這麼想：自己才不過做了這麼一點不怎麼顯眼的好事，領導者就這樣抬舉我；如果能有更好的功績，領導者不是更看重我嗎？在這種情形下，我為什麼不好好地幹下去呢？

　　所以說，身為一個領導者，對於部下的小善必錄，小功必獎，一定能夠收攬人心。這是激勵士氣很有效的辦法。

諸葛亮，你在說什麼？

以理服人勝過殺人萬千

古代的兵書曾說：「對敵人，可故意激怒他，使之憤怒；可騷擾其陣營，使之軍心浮動；可挑撥離間，使之內部分崩瓦解；可有意放縱他，使之驕狂失戒，這些方法都可算是攻心取勝的妙招。」戰爭不僅是武力的角逐，很多時候又是智力的較量；而智力的較量往往是一方通過心理攻勢的展開，達到「不戰而屈人之兵」的目的。

三國時期，南方少數民族在首領孟獲的煽動下，紛紛叛離漢室而起兵鬧事。諸葛亮親自率兵南征，平息叛亂，七次擒住孟獲，又七次「放虎歸山」。最後一次擒住孟獲時，諸葛亮火燒藤甲兵，又準備放之回營，孟獲終於感激涕零地說：「七擒七縱，自古沒有的事。我雖荒蠻之人，但還是知道禮義、好歹的。」於是跪在諸葛亮的面前說：

「丞相天威，我們南蠻之人不再造反鬧事了。」

諸葛亮為什麼要對孟獲七擒七縱而不快刀斬亂麻地一殺了之呢？原來諸葛亮在南征之前故意詢問馬謖有關平亂的高見，馬謖說：「南蠻形勢地遠山險，不服漢室已是很久的事了。今日雖然打敗了他們，說不定明天又要造反。用兵之道，攻心為上，攻城為下；心戰為上，兵戰為下，願丞相懾服其心足矣。」

諸葛亮將此攻心戰術運用在孟獲身上，他知道不以恩威懾服南人之心，而僅憑大刀闊斧地殺他個狼狽不堪，這樣即使今天殺了這個，過些時候說不定南蠻中還會冒出第二、第三個「孟獲」。

　　「攻心」，不單是以威脅、恫嚇、詭詐等手段「唬」住對方，更重要的是要以理服人，挑明利害關係，讓對方的心靈受到巨大的震動而誠服。

　　攻心之戰展開的最大目的是要達到不戰而勝、敗而不亡的理想境界，他不僅可用於敵我雙方你死我活這樣較量的戰場上，同時也可廣泛運用於日常生活中很多看不見的戰場上。

　　比如說，一位觀護人員要幫助改造一位有劣績的青年，希望他能浪子回頭、改邪歸正，如果只與他鬥狠、比臉色，結果可能道高一尺，魔高一丈，他會與你較勁個沒完。如果總是婆婆媽媽，動輒教訓他一頓，或者揍他一頓，也許根本就沒辦法觸及到他的皮毛，他也許始終像是茅坑裡的石頭又臭又硬；相反的，如果你在生活上處處真正的關懷他，工作上事事誠心地關照他，讓他從內心裡真正的感受到人間的溫暖，說不定這位青年很快就「脫胎換骨」，浪子回頭了。

要求別人先要求自己

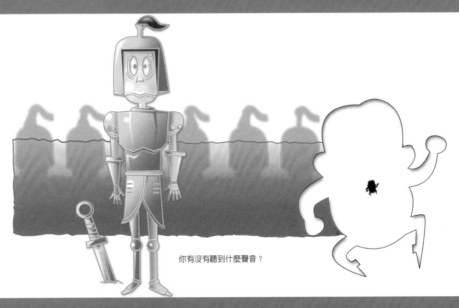

諸葛亮曾說：「做為統率軍隊的將帥，要使上下精誠團結打勝仗，不光是要動腦筋部署、籌劃，制定方針、策略，更重要的是要在實幹中樹立起自己的形象，由此再指揮士卒為他效力。因此，將帥不要以為自己有能耐而傲慢自大，作威作福；對於有危難的部下，將帥應伸出溫暖的雙手去扶助；對於有冤屈的士卒，將帥要想方法幫助昭雪，在戰鬥中繳獲的財務，將帥不可占為己有；被俘來的女子，不可役之為奴……如此在行動中首先顯出自己的高風亮節，顯出自己對部下的愛心，然後再去要求、指揮別人，軍中的將士就會勇敢地衝鋒陷陣，效命疆場。」

俗話說：「正人先正己」，諸葛亮要求部下遵紀守法，而他也總是以「非法不言，非道不行」來約束自己；指揮失誤，導致馬謖丟了街亭，他便上書承擔責任，自貶三等。諸葛亮要求別的將士同甘苦、共榮辱，首先就從自己的親屬做起。諸葛喬是他的繼子，

他毫不關照地讓繼子率領兵卒在北伐途中押解轉運軍需物質。諸葛亮要求別的將領廉潔奉公，節儉思危，他自己也兩袖清風，不使家有餘財，死了也不要隨葬器物。諸葛亮先烙紅自己的指頭再去烙別人，所以他贏得了眾人的敬服和尊重。

諸葛亮認為當官的要取信於百姓，要使部下聽命於己，從而建立良好的「領頭雁」形象，自然是應該是自己規規矩矩，紮紮實實地先做出個樣子來。如此說來，如果當官的有什麼捷徑可走的話，就應該是：「打鐵先來個本身硬才行。」

曹操當年在軍中能享有較高的威望，大小將士都樂於為他賣命，對他唯命是從，在很大的程度上是因為他能從自己做起，所以能夠讓將士心服口服。

在壽春城大戰袁術後，曾發生過這麼一件事：

曹操班師回府時，路經一片麥田，曹操便傳令大小將校，不得踐踏麥禾，違者處

斬。事也奇巧，曹操的坐騎受驚亂跑，踩壞了大片麥田。

　　事情發生後，曹操不願踐踏自己制訂的法紀，便叫來行軍主簿，要他依法處置自己，主簿不敢，曹操深明大義，說：「吾自制法，吾自犯之，何以服眾？」於是就要抽劍自刎，眾人勸說，便採取了個折衷的辦法：割髮代首。

　　曹操如此行事，三軍見了哪個還敢拿雞蛋去碰石頭？所以說：「打鐵先來個本身硬」，做官的自己先樹立威信，才容易取得政績。

生活
智慧

　　我們常看到一些做官的人經常在發號施令，好像在靠耍嘴皮子吃飯，難道只是兩塊嘴皮子一張一合的肌肉活動就涵蓋了整個「官」的本義嗎？事實上，做官哪有這麼簡單的，做官的既要說，也要做，而且還得先從自己做起，事事處處做出別人的表率才行。做官的人，只說不做，或者說一套、做一套，就只能是一個庸官或者是污官，永遠也做不了一個令百姓敬仰，令部屬誠服的好官。

你不計較，我會計較

姜維是投誠來的敗軍之將，但做事勤奮，忠於職守，且屢建功勳。諸葛亮並不因為他的來路而看不起他，而且給他封官晉級，委以重任。李平，曾是劉備的心腹，有才幹，但劉備死後，野心勃勃，弄虛作假，謊報軍情。諸葛亮並不因為他曾經有過的輝煌歷史而對他網開一面，放他一馬，卻是毫不留情地將他削職為民。

諸葛亮曾經在《便宜·賞罰》中作如是說：「賞罰的功用在於賞善罰惡。賞賜是為了鼓勵立功，刑罰是為了用來消除奸邪。但是，賞罰的事不可以亂來，要一碗水端平，賞要公，罰要平。讓無功的人受祿，往往會使真正的功臣怨恨；同樣的，亂給別人穿『小鞋』，也常常會令忠貞之士憤慨。」

賞罰對於領導者實行管理而言，不是目的，而是工具。使用這種工具時，要有良心。這樣的話，受賞者才會心悅誠服，受罰者也才會口無怨言。否則，善惡不分，功過不清，只會招來怨聲，而使得人心渙散。

人總是希望自己的價值被人肯定，自己所付出的辛勞，所創造的價值，又有相應的物質或精神上的補償，如果不是這樣，心裡難免不能平衡。所以，做領導的要懂得如何行賞，如果獎之過當，哪怕是多獎賞了一分錢，又有誰能服下這口氣？同樣的，如果有人偷懶取巧、怠忽職守、造成損失，做領導的聽之任之，就難免讓人難以心服口服了。這個時候，大家都會這麼想：好人得不到好報，惡人得不到惡報，做好、做壞，都是一樣，還不如不要幹？所以說，領導者對於違法亂紀的人依法處置，不僅眾人服，就算當

事人想必也是心中無怨的。

　　話說當年曾經被諸葛亮處罰的那位李平，不僅不忌恨諸葛亮，諸葛亮死後，還傷心地痛哭流涕。為什麼？心服口服也！

生活
智慧

　　鐘鼓雖好，不敲不響。掃帚不掃，灰塵不會自己跑掉。行賞有如敲鐘鼓，論罰有如掃灰塵。賞、罰兩「板斧」，為官做帥的不可不備，而且，運用賞罰這種工具的時候，還要講究技巧，並且要因人而異、因時而變、因事而換。最重要的，賞罰這事就像一碗水端平，賞要公，罰要平。

很小很小的鼾聲……當全世界都睡著

三個臭皮匠，勝過一個諸葛亮

身輕如燕！

別以為我聽不見，瞌睡蟲！！

連叫都來不及！

英明的領導者處事爲政應重視廣大群衆的力量和智慧。要知道單股的鋼絲比起單股的草繩要強實，但千萬股草繩擰成一股，那就要比單股的鋼絲強上千萬倍。領導者好比鋼絲，群衆好比草繩，做領導的人要集中群衆的力量和智慧以爲己用，最好的辦法就是「多見」、「多聞」。

諸葛亮在《便宜·視聽》中說的話確實意味深長，他說：「當官爲政，應當觀察民間的細微現象，同時，要聽取群衆的細小呼聲。如果能夠廣泛聽取衆人的意見，遇事又能和其他人商量，那麼，世間的萬事萬物就好像在他眼前一樣，而各種聲音就好像在他耳邊一樣。」

諸葛亮又說：

「觀察了日月的形象，並不能認爲就是見到了光明，聆聽了雷霆的聲音，並不足以認爲就是聽到了大聲。沒有聽過五音的人，無法分辨宮調與商調；沒有見過五色的人，沒辦法區分黑色與黃色。」

君主只有廣泛觀察才算有智慧，能兼聽各種意見才算是英明。這就是爲什麼古經書上會說：「聖人無私心，以老百姓的心爲自己的心」，又說：「上天以百姓的觀察爲觀察，以百姓的聽覺爲聽覺。」這也就是爲什麼中國歷代高明的統治者會花費巨資養了一大批「策士」、「幕僚」、「門客」的緣故了。

據歷史記載，春秋戰國時，齊桓公曾養士八十餘人。這八十餘人各有各的本事，各有各的絕招。桓公花錢養著他們，並不是讓他們閒著吃白飯，而是希望他們幫助自己出謀策劃，做自己的智囊。桓公後來能夠成爲諸侯一霸，當與他養士以集思廣益有關。

劉備與曹軍爭奪漢中時，劉備久攻不克，馳書請求駐守成都的諸葛亮發

兵增援。在是否發兵增援的問題上，諸葛亮就曾徵詢過楊洪的意見，並採納了他的建議：「漢中爲咽喉，是存亡之機，若無漢中，則無蜀矣，發兵何疑？」後來爭奪漢中，蜀軍取得了的勝利。另一個例子是，諸葛亮於建興三年率兵征討南中時，就一些軍事策略問題曾與大將馬謖商議過，並採納了他所提出的「攻心爲上，攻城爲下」的建議，結果大獲全勝。

生活智慧

一滴水珠，一條溪流，單獨看來是那麼地微不足道，但是水珠、溪流匯集起來，成了河，成了江海，那就不可同日而語了；一個人的力量，一個人的見聞，看起來是那麼地有限，但是，上百人、上千人、上萬人的力量、見聞，匯總交織起來，那就洋洋大觀了。

諸葛亮多聞，多見，虛心納言，又廣泛採納眾部下的意見，才能制訂出一個個行之有效的作戰方針、治國良策。這就是一人不如二人計，三人打個好主意的最佳範例。

甜言蜜語好過惡言相向

「好話一句三冬暖，惡言半語六月霜」，好話總是吃香，惡言總是倒楣。好話，就算是謊言，但因為能滿足聽者的自尊心、虛榮心，因此聽起來特別順耳，如果這個「好話」，再加上一點點糖，一點點蜜，那麼，這話就更加有滋味了，聽的人真的是如食甘飴，如坐春風。惡言，特別是一些損人、傷人、毀人的惡毒話，這些話，往往是一些無中生有的攻擊話，那麼，聽到的人就特別感到心寒了。

但是，有一種話，他雖然是惡言，但卻是真真實實的大實話，它看起來也不太受歡迎，因為它太直，一下子就觸著了別人的痛處。舉例來說，一個體態臃腫的少女，如果有人說她長得豐滿、福態，她可能高興得很，如果有人實話實說，說她長得很肥，那她的氣惱就可想而知了。

其實，仔細想一想，腳踏實地的人還是不要為「好話」陶醉才好，因為所謂的「好話」，聽過後雖然會讓你一時心花怒放，但一點用處也沒有；至於那些惡毒的「惡言」，因為不是真的，所以也不必往心裡裝，免得鬱卒傷肝；而那些不太順耳的直話，也和所謂的「惡言」就不一樣了，因為它雖然苦口，卻極有益處，是真正的良藥。

身為一個領導者，帶領一群民眾，共同奮鬥創業，不能專斷獨行，不能總是聽「好聽的話」，要能發動大家想想辦法，說說可能是唱「反調」的話，要知道「反調」雖然刺耳，但往往蘊含著合理化的建議，以及不為人知的真理，這些「反調」一如帶刺的仙人掌，有著巨大的藥效。

諸葛亮曾說：「政治清明的國家，人民敢於直言，行為正直。」又說：「一國之主如果只喜歡報喜不報憂，拒聽進諫，則忠臣不敢獻其謀，而奸臣就得以逞其惡。君主有眼不觀察目前的局勢，就如同瞎子，有耳不聽旁人的意見，就好似聾子。」

以又瞎又聾的人來治國，其結果可想而知。

漢末的袁紹擁兵自重，軍事實力雄厚，可惜就是為人剛愎自用，一意孤行，聽不得不同的意見，最後弄得屢吃敗仗，元氣喪盡。

袁紹與曹操在官渡的一戰是一個極佳的例子。就當時的情況來看，曹操兵少糧缺，袁軍應該打持久戰才是，但是袁紹是個急性子，執意快刀斬亂麻，速戰速決。他的軍中大將田豐、沮授等人不忍心袁軍吃敗仗，勸告袁紹不要急於進兵。可惜，忠言逆耳，袁紹聽不下去，忠臣的一片好心全被當成了驢肝肺，他們一干人等全被打入了大牢。然而，戰爭的發展果然不出田豐等人的預料。

生活
智慧

有些做官當領導的人，他們聽不進別人的忠言，甚至打壓那些進言者，是因為做官當領導的人太自信、太自以為是了。但有些則是因為要顧到「做官」的面子，而不肯承認對方是對的。

但是，不管是什麼原因，不聽忠言的結果，就是害了自己，坑了別人，甚至葬送了自己大好的事業。這就好像患了傳染病的人，別人或者是醫生告訴他病情，他不相信，也不願正視自己的問題，諱疾忌醫的結果，自己吃虧，也連累了一堆人跟著遭殃。

知己知彼、百戰百勝

諸葛亮在《將苑・謹侯》中曾把「自料知他」當做是一條重要的用兵法則，而大加以提倡，在他的軍事實踐中，更把它發揮到了極致。

建興六年秋，蜀、魏大軍對峙於祁山時，魏將孫禮本想趁蜀軍缺糧的時候，用火攻取勝諸葛亮，沒想到羊肉沒吃成反惹一身騷。

其時，孫禮獻計說：「我去祁山裝作運糧兵，車上盡裝著些乾柴茅草，用硫磺焰硝灌進去。假如蜀人缺糧，必然會來搶。等到蜀兵來了時，就放火燒車，外面再以伏兵相應，這樣，不勝也難。」

當孫禮運糧於祁山之西的消息報知諸葛亮的時候，諸葛亮稍微分析便看穿了孫禮的把戲：「這是魏將知道我們缺糧的緣故所出的計謀，車上裝載的一定是茅草引火之物。我生平最會用火，那麼就來個將計就計吧！」

於是，諸葛亮喚馬岱吩咐道：「你引三千軍到魏兵屯糧的地方，不可入營，但於上風頭放火。」

馬岱即率兵暗中潛入祁山之西，等到夜晚二更西南風起的時候，便在營南放起大火，火藉風勢，魏軍裝有引火物的車隊很快全部燃著。於是，馬忠、張嶷又分兩路殺來，把魏軍圍在核心。當時火緊風急，魏軍人馬亂竄，死傷無數。

從這次戰役中，我們可以看到諸葛亮是如何的知己知彼，又以其人之道還治其人，諸葛亮的勝利是可想而知的。

春秋時期，有宋國的君主宋襄公，在和楚國交戰時，既不知己，也不知彼，一意孤行的結果，錯失戰機，最後弄得國毀人亡。

生活
智慧

　　知己知彼，自料知他，能避實擊虛，動止得宜，否則，就會黑夜臨池，陷入絕境。譬如與朋友相處，與上位者共事，如果能知己知彼，了解朋友們各自不同的個性、身世、特長，知道上位者的好惡、脾氣、作風，然後不同的人給予不同的方式對待，這樣你就會與上上下下、周圍的人相處得很好，你的工作自然很穩，你也成為一個受歡迎的人。否則你可能長期處在「失業」與「待業」中，轉不出來。

退一步是爲了向前

「將欲取之，必先予之」，諸葛亮曾將兵法中的這一條發揮到了極致。要知道兩軍交戰，並不是只要勢如破竹、一往直前就能獲得勝利，有時候，以退為進也能夠達到一味進逼所不能取得的軍事成功哦。

司馬懿在武都、陰平之戰中吃了兩次敗仗後，按兵不動，固守城壘不出，任蜀兵再怎樣叫罵挑戰，他就是不越城池一步。

兩軍如果要長期對峙，對糧草短缺的蜀軍來說，是相當不利的。蜀軍只有盡快「引蛇出洞」速戰速決，才可能爭取到主動。

為了達到這個目的，諸葛亮演出了春秋時晉文公「退避三舍」的舊劇來擊敵，他傳令軍中：拔寨退兵。

諸葛大軍連退兩次，狡詐的司馬懿知是計謀，不敢發兵追擊；等到諸葛亮第三次退兵時，司馬懿慢慢地信以為真，再經部將張郃的反覆請戰，最後還是吩咐張郃率兵出征了，並說：「既汝要去，可分兵兩路，汝引一路先行，須要奮力死戰；吾隨後接應，以防伏兵，到了半途駐紮，後日交戰，使兵力不乏。」

司馬懿終於上鉤了，任憑他是怎麼樣的小心謹

慎，最後還是敵不過諸葛亮的連環妙計，被諸葛亮殺得首尾難顧。

可見得在條件不具備或者時機不是很成熟的時候，還是暫時先做退讓比較好，讓敵方以為有利，這個時候才真正是最後進擊，最後取得勝利機會的時候。

軍事家在取與予、進與退、伸與屈等問題上，總是以取、進、伸為目的，以予、退、屈為手段。軍事家絕對不是把「予」當作是投敵賣乖的禮品，把「退」當作是畏敵卻步的藉口，把「屈」當作是整個軍事行動的句點。

生活智慧

不論是在你死我活的戰場上，或者是在一般的日常生活當中，「將欲取之，必先予之」都是一句絕妙的好話，用得好，用得巧，作戰或過日子都能事事順遂。這就像運動員練習舉重，為了要把沉重的槓鈴高高地舉在頭頂上，總得先把身子向下使勁一蹲一樣。總之，在日常生活中，我們也常常可以看到以退為進的機智，讓我們好好地用在為人處世吧！

聽說王子吐了，趕快去他檢查檢查……

比天空大的是胸懷

醫生，這是我吐出來的……

在蜀漢集團中，劉巴稱得上是一個多謀善斷的人物。

在劉備攻下成都、經濟狀況不是很好的當頭，劉巴獻上一策：「多鑄直百錢，平諸物價」，這一個法子終於使得劉備擺脫了困境。

劉巴因此有些居功自傲，再加上他本來就有些小心眼，常常看不起人，特別是瞧不起武將張飛，因此常會為了一些瑣事與張飛發生摩擦，最後兩個人連話都很少講。

為了緩解兩人之間的矛盾，諸葛亮和劉巴作了一次深談，勸道：

「大丈夫處世應該胸懷寬廣些，為人隨和點。足下是雅士，何必為些小事鬧得不痛快呢？士不能皆銳，馬不能皆良，器械不能皆堅。張飛是武人，即使有些小小的過失，足下作為雅士，何必那麼計較呢？」

一番勸導，使劉巴終於有所收斂。

諸葛亮勸人心胸開闊，不為小事糾纏，其實平常的他也是一樣，寬容大度，忍小事而成大謀。

蜀、魏兩軍對壘，魏兵常把他罵個狗血淋頭，拿一些刺耳的話羞辱他、激他，但他全然不計較這些，敞開寬廣的胸懷容納它，聞風不動地按著自己的部署行事，該打的時候打，該守的時候守，該退的時候退。如此這般，始終「按牌理出牌」，所以，他總能打勝仗。

明朝有個叫董篤行的人，在京為官。一日收到家人來信，

比天空大的是胸懷

家中爲宅基地砌牆事與鄰居發生矛盾，並要董公回來出口氣。董公並沒有這樣做，卻寫了一封風趣的信勸慰家人，信中說「千里捎書只爲牆，不禁使我笑斷腸。里仁有義結近鄰，讓出兩牆又何妨！」家人收到信，覺得有理，讓出兩牆。那鄰居見後，羞愧難當，亦主動讓出地盤，後來，兩家用共讓出來的八尺地方做了一個共用通道，稱爲「仁義胡同」。

生活智慧

「胸不寬則往往招災禍，小不忍則常常亂大謀」，凡事不饒人的人，看似強悍，實則愚懦；凡事寬以待人的人，看似怯弱，實則是一種處大事的氣象。所以說，「將軍額上跑得馬，宰相肚裡能撐船」。要成大事，行大謀，能建「將軍」之高勳，任「宰相」重職，亦當有跑馬之「額」，行船之「肚」。

雨果曾說：「世界上最大的是海洋，比海洋大的是天空，比天空大的是胸懷」。成大事、行大謀的人當有海洋、天空般地胸懷。

為了表示你的真誠……

用眞誠贏得友誼

我決定用強力膠把我們黏在一起……

諸葛亮曾說：「靠權勢和金錢交的朋友，難以長久；靠眞心、誠意結交的朋友，其友情就像常青樹一樣，四季不衰，眞的是『溫不增華，寒不落葉』。」

諸葛亮對董和待之以赤誠，所以他與董和能互相補益，同心共事，除了成爲摯友以外，又爲他自己贏得了事業上的好幫手。

諸葛亮對張飛、關羽、姜維等人充滿愛心，他與他們和睦相處，同舟共濟，眞情至死不渝，所以他們都能成爲他事業上的猛將。

諸葛亮與劉備在朝中爲君臣，在朝外爲朋友，魚水交融，情同手足。所以他爲自己贏得了事業上的好搭擋。

從諸葛亮的種種行事，我們看到他的將心比心，他的以心換心。我們看到的是朋友間「愛」和「美」的昇華。我們看到他的眞誠爲他贏得了無數的朋友。

生活
智慧

　　有人說：不說假話，辦不成大事。但事實上假的東西只能矇過一時，瞞不過一世。說假話，做假事，才真的辦不成大事。

　　與人相交，與朋友相處，虛情假意，說假話，做假事，雖然能騙得對方一時的信賴、好感，但日久見人心，假做戲終究會被人識破，說假話，做假事，終究交不到朋友。

　　朋友之間，真誠是黏合劑，可把心與心膠合；真誠是橋樑，可將情與情溝通。真正的朋友，相知至死，真正的知音，心心相印，毫不虛假。

　　讓我們用真誠的心贏得朋友吧！「好花還需綠葉配，籬笆還要樁子撐」，人活在世上，是不能沒有朋友的。

國王最近步伐好像變得沉重了，真是憂國憂民的胸懷……

想要的太多，得到的太少

好舒服，讓國王替我服務真是太爽了……哈……

自古到今，上至皇帝總統，下至臣民百姓；老至白髮蒼蒼者，少至初悟世事人，不把「名」、「利」二字擺在心裡的，實在不多。

　　據說乾隆皇帝當年巡察江南時，看到江面上的千帆競渡，船來人往，好不熱鬧，不禁好奇地問左右：

　　「江上熙來攘往者為何？」

　　陪伴在一旁的大學士紀曉嵐隨口回答道：「無非為『名』、『利』二字。」

　　「世人都曉神仙好，唯有功名忘不了。」《紅樓夢》中的那位跛腳道人可以說是用他的歌「唱」出了恆古以來不曾變樣的芸芸眾生相。

　　人不是不食人間煙火的神仙，就算是神仙，也往往還要享受人間的香火；人也並非個個都是遁入空門的佛教徒，即使做了佛教徒，也難免會想著要當名僧、住持、方丈什麼的。為了生存，或者為了活著時能活得更好，人不可能完全摒棄名、利。再說，人們如果盡棄了名利，就會失去了慾望，如此整個社會國家就會永遠停滯不前。

　　但是，刻意追求名利，使名利變成了繩索，將自己綑綁起來，讓人生應該有的一點自在、逍遙都喪失殆盡，那就真有些得不償失了。因此，人應當曠達、瀟灑，不要被名利的羈絆拴得太死，做到諸葛亮所說的：非淡泊無以明志，非寧靜無以致遠。

生活
智慧

　　我們常常無意間聽到有人在說：「我活得實在太沉重、太累了！」為什麼呢？想要的太多，得到的太少。人，生不帶來，死不帶去，為什麼要顧慮得那麼多呢？讓我們想一想，我們的人生是否也可以向諸葛亮看齊，就像諸葛亮當年隱居隆中一樣，不沽名釣譽，淡泊以自勵，讓該進取的就進取，該追求的就追求，一切順乎自然，讓自己在人生的舞台上瀟灑地走一遭吧！你這麼做，這麼想時，你會覺得自己肩上的沉重感減輕了一些，甚至於你會從心裡發出這樣的話語：「啊！我活得好輕鬆，好自在。」

你會不會太可愛了點……

你想當黃蜂還是老虎

走先！

諸葛亮說：「見機之道，莫先於不意。」

諸葛亮領兵三出祁山時，與魏將郝昭對峙於陳倉城。諸葛亮乘魏軍驚疑不定的時候，出其不意，攻其不備，因而大勝郝昭。

那個時候，諸葛亮打聽出郝昭病重於軍中，便伺機而動，發起攻勢，立即使「城中大亂，昭聽知驚死，蜀兵一擁入城。」

事後，諸葛亮對蜀將魏延、姜維討論這次的用兵之道，他說：「吾打探得知郝昭病重，吾令你們三日內領兵取城，此乃穩眾人之心也。吾卻關興、張苞，只推點軍，晤出漢中。吾即藏於軍中，星夜背道徑到城下，使彼不能調兵。吾早有內應在城內放火，發喊相助，令魏兵驚疑不定。兵無主將，必自亂矣。吾因而取之，易如反掌。兵法云：『出其不意，攻其不備』，正謂此也。」

古代吳國與楚國交戰，楚軍全線崩潰，三軍逃至今湖北境內的隕水附近。吾主準備乘勝追擊，一舉徹底擊敗楚軍。這時，軍中大將夫概出來勸阻吾王，說：「狗子被逼急了，要跳牆一拼。楚軍被逼急了，要使力一搏。現在不如暫時退兵駐紮，待楚軍渡河到半途時，趁著這大好的戰機再出其不意地發兵攻擊。到那時，楚軍先渡過河的，為了逃生，必不戀戰；後渡河的爭著渡河，也無心應戰。如此，我軍定能大獲全勝。」

夫概的主意是上乘之策，退兵駐紮，楚軍必趁這個空檔搶渡大河。這對吳軍來說形成一個有利的戰機，抓住楚軍半渡之時迅速出擊，則是充分有效地利用戰機。

後來，楚軍聽說吳軍退兵，以為不敢窮追，便在午夜準備渡河。當全軍十庭剛剛渡過三庭時，壓根兒沒有料到吳軍兵從天降，突然殺來。楚軍士卒於是爭相競渡，亂作一

團，終於被吳軍殺得措手不及，屍陳遍野。

想當時，楚軍渡河，戰機很好，但是如果吳軍不能神速出擊，趕在楚軍半渡之時打它個措手不及，那麼又是另一番景況了。

生活智慧

黃蜂雖小，但惹牠發起怒來，即使是力大無比的壯士也畏牠三分，不敢輕易碰牠。

老虎雖兇，但若掉入陷阱，即使是手無縛雞之力的三歲小孩也敢拿著棍棒撩牠、戲牠。

人要安身立命，掙一口飯吃，就要懂得見機，在碰到對手時，要能夠「出其不意，攻其不備。」壓倒對手，讓自己立於不敗之地。

人，活在世上，不管你置身在何方，都像在戰場上。所以，你應當學習如何伺機行事，出「敵」不意，做個「百戰百勝」的人。

一味的剛強只會斷送自己的前途

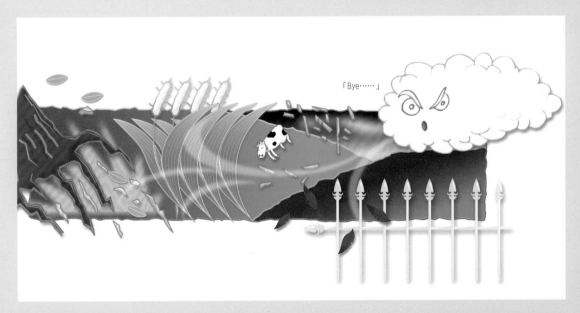

俄國的寓言作家克雷洛夫曾經寫過一棵剛烈自矜的橡樹,這棵橡樹對蘆葦說:「我像高加索一樣威嚴無比。太陽的炙熱,對我來說,一點兒小事,算不得什麼;狂風暴雨,我嗤之以鼻;雷聲隆隆,我逍遙自在;我矗立,我筆直遒勁,我彷彿掌握著攻不破的和平之盾。」

不久之後,狂風暴雨驟起,橡樹依恃著「深入濃蔭下土壤內的」腳根,硬頂著狂風暴雨,結果卻遭了滅頂之災:「被呼嘯著的風連根拔了起來」。而蘆葦則不同,暴風雨來了,它隨風搖擺,俯在地上,風雨過後,安然無恙。

橡樹不避風雨而導致滅亡,算得上是一場悲劇,而悲劇的根源在於它的剛而不柔;蘆葦適時屈身俯地,結果保全了性命,算得上幸運,而它能獲得這樣的幸運在於能夠以柔克剛。

三國時代的歷史舞台上,諸葛亮和周瑜可以算是兩個十分吸引人的角色。一個剛柔相濟,一個剛而不柔。

周瑜太剛,所以器量狹小,鋒芒畢露。諸葛亮才能過人,周瑜妒忌他,仇視他,所以不擇手段的想方法陷害他,欲置之死地而後快。哪知道諸葛亮卻偏又善於以柔克剛,對於性情剛烈的周瑜,對於他每次所用的「殺」,都不動聲色的用奇謀妙計化解掉,最後,終於使得周瑜氣得吐血而死。

想想看,當時的周瑜如果性情柔和一點,胸懷寬大一點,就不會為了要加害諸葛亮而傷透腦筋,也就不會因此而鬧得心神不寧;再退一步來說,就算陷害諸葛亮不成,輸在他的手裡,最後也不會落得氣死,留給後人笑柄了。

再想想看，如果諸葛亮和周瑜一樣，一個半斤，一個八兩，以剛對剛，用「硬碰硬」的方式和周瑜拼個你死我活，說不定最後來個兩敗俱傷，或者諸葛亮成了周瑜的刀下鬼也說不一定。

生活
智慧

諸葛亮和周瑜的較量，顯示了一個真理：剛柔相濟才合於為將之道。「皎皎者易污，嶢嶢者易折」，一味的溫柔，會像柔軟的麵糰，隨別人怎樣揉捏，一味的剛烈，會像枯脆的木頭，容易一折就斷。剛中有柔，柔中有剛，剛柔相濟，才會像鋼製的彈簧，既有鋼的堅實，又有水的柔性。

他是國王……

擁有群眾勝於當一人皇帝

他也是國王……

諸葛亮曾經說過：「如果能夠順乎民心和形勢去討伐敵人，那麼，就算是皇帝也不能和你爭強鬥狠；如果能夠依靠群眾的力量與敵人針鋒相對爭鬥，那麼，即使是商湯、周武那樣的賢君也不能與你相比；假如能夠審時度勢，伺機而動，同時又能掌握人心的向背，取得威勢，那麼，即使與萬夫之勇的猛將相逢，終究也能戰勝他，天下的英雄豪傑也會歸之如流。」

軍隊打仗，不只是幾個軍事指揮官的事，也不只是一群士兵的事，軍隊打仗，是千千萬萬廣大群眾的事，要依靠群眾的支持，才能實現老百姓的利益與願望。作為一個領導者，是負責一個團體的工作，也當借助群眾的力量，而不必事無巨細，面面俱到。

諸葛亮雖然留下了上述的佳話，但也曾在處理蜀漢的事務上管得過多、過細，甚至連核對登記冊之類的小事也親自動手。

主簿楊顒知道有這樣的事，便勸諫諸葛亮說：

「治理國家有一定的規則與秩序，上下職務是不能互相侵犯的。請允許我拿治家來打比方吧。」

「現在有一個主人，讓男僕從事耕種，女僕料理家務，雞管報時，狗管看家防賊，牛負重載，馬跑長途。主人吩咐他們各司其職以後，每日便只管查看支派就好，這樣，他不但能滿足各種的需要，也能夠從容地飲食、休息……。

忽然，有一天，這家主人打算親自去做所有的活兒，不再支使分派工作，於是他每天拖著疲憊的身子去做種種瑣碎的事，累得頭昏眼花，結果還是一事無成。難道這家主人的才智不如他下面的這些人嗎？當然不是。問題在於他失去了

一個做主人應該有的章法。

　　現在，丞相身負一國的重任，竟親自來做校閱登記簿之類的瑣事，以致於汗流終日，不是太不值得了嗎？」楊顒說的很有道理，諸葛亮誠懇地接受了他的意見。

生活
智慧

　　這是一件很容易理解的事。一個領導者的精力、心智畢竟有限，如果不放手發動群眾，藉以釋放每一個人的潛能，身為一個領導者，就算做死做活，也不能把整個團隊的事情做完做好，這樣攬事的結果，除了累死不好看之外，還會助長下面的人怠惰與依賴。

　　想當年，叱吒風雲的拿破崙，處理軍務，事必躬親，大小事情都攬在手中，結果讓軍中「生產」出一大批的庸官與懶官，終於使他在滑鐵盧的一役中回天乏力。

　　所以，作為一個領導者應該清楚的知道：群眾是智慧的泉源，是力量的寶藏，他們的中間有著無數的「諸葛亮」！

你確定他們只是幾種壞習慣……

領導者的毛病，你甘唔？

算了！我幫你好了……

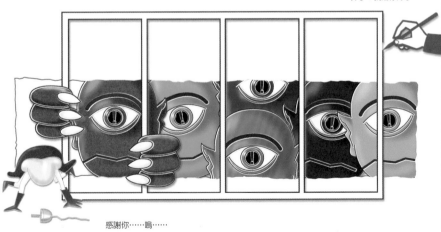

感謝你……嗚……

領導者再偉大也不過是一個活生生的人，而不是神。

諸葛亮就曾說過，作為一個領導者有八種毛病最最需要提防，那就是：

◎貪心不足

既要名，又要利。唯恐官做得不夠大，利又得到太少。當了宰相還想要當皇帝，撈了銀子還想要金子。

◎嫉賢妒能

生怕別人比自己強。

◎輕信讒言

喜歡聽一些心術不正的人打小報告。這種人耳根子軟，沒有自己的見解。

◎料彼不料己

這種人談起別人的事情振振有詞，但對自己卻缺少應有的了解，是道地的不知己長，不知己短。

◎優柔寡斷

這種人沒有主見，碰到事情不能當家作主，就像裹了小腳的女人，前怕狼後怕虎，患得患失，游移不定。

◎喜好酒色

這種人沉淪其中，不能自拔。

◎性情奸詐，膽小怯懦

這種人兩面三刀，挑撥離間，但遇到難題或者麻煩時，又像縮頭烏龜，是道地的言語巨人，行動矮子。

◎強詞奪理，不按禮法行事

這種人鴨子嘴，死不認錯。

根據歷史的記載，三國時期的呂布就有上述的弊病。他，貪財求利，董卓送他一匹駿馬，他就幹起為虎作倀的勾當。他，沉迷女色，司徒王朗利用美人計，他很快就被拉下水，又殺了董卓。他，輕信讒言，寧可聽信寵妾的餿主意，也不用謀士陳宮的破曹妙計……。這樣一個有錯不改的一代強將，就因為身上的種種弊病，結果就像被一條毒蛇吞噬了他的生命一樣，吞噬了他的前程。

生活
智慧

如果你要成為團體中一個真正的領導者，就不要染上了這八種毛病中的任何一種。如果不幸患了這些毛病，只有迅速且徹底的除掉，這樣，你才是真正的聰明人，這樣，你才能成為一個所向無敵的「常勝將軍」。千萬不要文過飾非，要不然，最後吃虧的還是自己。

殺他，不殺他……

運用智慧，別被權威限制

王子口味的烤肉……還可以……

諸葛亮，你在說什麼？

　　諸葛亮在〈假權〉一文中說過一段話，其大意如下：將帥關係著戰爭的勝負、百姓的生死，以及國家的前途、命運。如果君主不把賞罰的大權交給他，這就好像把猿猴的手腳捆住，還要牠騰跳敏捷一樣。如果把賞罰的大權交給弄權的大臣，而架空了具體辦事的主將，那麼，人們將會謀取私利，此時還會有誰在疆場上浴血奮戰、英勇殺敵呢？就算有伊尹、呂尚的謀略，韓信、白起的才能，恐怕也很難建功立業，而且說不定連性命都難以自保。所以，孫武說：「將帥出征打仗在外，對君主的命令可以不接受。」周亞夫也說：「出征的軍隊，只聽從將軍的命令，而不執行皇帝的昭告。」

　　在三國鼎立的歷史舞台上，就曾出現過因沒有「將在外，君命有所不受」，而令孫吳軍事集團遺憾不已的一幕：

　　赤壁大戰後，孫權欲奪回荊州，便依周瑜的計謀，以聯姻為餌，引誘劉備上鉤，藉機扣住劉備，迫使他拱手交出荊州。哪知諸葛亮將計就計，讓劉備去東吳完婚，接著又巧設妙計讓劉備找了個藉口攜夫人雙雙出逃。一塊肥肉到了嘴邊又溜掉，孫權聞訊大怒，即令陳武、潘璋二將前去追捕。二將去後，老將程普便向孫權說：「你妹妹自幼好觀武事，嚴毅剛正，諸將皆懼。她既肯順劉備，必同心而去。所追之將，若見郡主，豈肯下手？」孫權便抽出自己身上所配之劍，命令蔣欽、周泰二將說：「你二人將這劍拿去取劉備及我妹的頭來！違令者立斬！」事情後來被程普老將所言中：陳、潘二將追上劉備及夫人時，被夫人罵

了個狗血淋頭，兩個人畏畏縮縮，不敢下手，只好放了他們一條生路，等蔣欽、周泰攜劍匆匆趕到時，劉備及夫人已經逃得無影無蹤了。」

　　這段歷史，從表面上來看，劉備和夫人死裡逃生，好像是陰錯陽差，天意使然。然而，仔細想想，劉備和夫人能從孫權的鼻子底下溜掉，卻也是靠了不善隨機決斷的陳、潘二將助了一臂之力。想當初，如果陳、潘二將在使用手中的權力時，能夠「將在外，君命有所不受」，見機行事，一個「敢」字當頭，那劉備和夫人即使有飛天的本事，也難逃此劫。

　　所以說，為官做帥的人，在動用手上的權力時，雖然不能超過限度，但在情況複雜的緊要關頭上，還是要敢於假權自己，踏出權力圈圈的束縛，根據最新的情況做出最佳的決策，否則往往會錯失良機，不僅辦不成大事，還會把事情弄得一團糟。

　　而一個對國家忠誠、對事業負責的領導者，也應有敢於假權的精神，才能運用一種具有靈活與創造性的用權智慧來應對不測或成就事業。

對手就是牠啊……

ROUND 1

結合五根手指頭，就能給你一巴掌

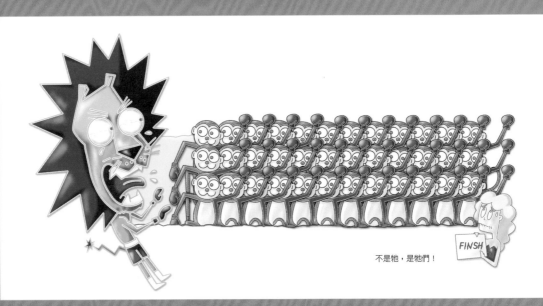

不是牠，是牠們！

FINISH

中國古代有一則有關眼、耳、口、鼻的寓言，非常耐人尋味。

有一天，眼、耳、口、鼻發生了爭執，各說各的能耐，各自認為自己的作用最大，真的是公說公有理，婆說婆有理，吵得不可開交。後來各自為政，互不理睬，互不配合。結果，沒有多久它們就意識到沒有對方的無奈，它們終於又不得不和好如初了。

的確，口能吃，眼能看，耳能聽，鼻能聞，各有各的長處。但是，它們的長處只有在它們團結合作的時候才能顯現出來；如果相互分裂，彼此不和，那麼，就算有一技之長，最後也是枉然。

在蜀漢集團中，法正可以說是一個極難纏、極難合作的怪人。

他很有智術，曾經幫助劉備入主西川，有開國的功勞。但是，他也有很多難以被人接受的缺點諸如：斤斤計較，專橫霸道，挾私報復等等。

曾有人向諸葛亮建議：「法正在蜀郡太霸道了，軍師為什麼不轉告主公，殺殺這傢伙的霸氣呢？」

諸葛亮感嘆道：「當初主公在公安，北畏曹操之強，東憚孫權之逼，近則又懼孫夫人生變於肘腋之下，在如此進退為艱的時候，法正來幫助主公，使整個局勢改觀，現在又怎麼能夠不讓他隨著自己的心意做點稱心的事呢？」

諸葛亮的這一席話，說出了自己容忍法正的原因。但更重要的是從大局出發，有其想法。一來法正是劉備倚重的功臣，二來法正是蜀中十分有影響力的代表人物，在當時如果排斥、打擊他，不僅得罪於劉備，而且也不利於蜀漢集團內部的穩定和團結，更不利於蜀中新政權的鞏固；再說，法正富於機智謀略，包容他，才能好好利用他。

結合五根手指頭，就能給你一巴掌

後來事實證明，諸葛亮的這種做法，也就是結合一切可以團結然後變成力量的做法，是非常明智的舉動。

從前，孟嘗君就是一個很能團結人的人，上至諸侯將相之流，他能使出法子籠絡他們；下至引車賣漿、雞鳴狗盜之徒，他也不嫌棄他們，很自然地把他們拉來合作。所以，在秦關受阻、有性命之虞的時候，他能藉助那些雞鳴狗盜的「特技」表演矇混過關，使自己從虎口中脫險。

生活
智慧

人處在世上，應當儘量團結周圍的人，與人為善，廣結朋友。這樣，多一個朋友就多一條路，多與人合作就多一份力量。不要忘了，樹木多了，就成林；三人相加，便有了「眾」字的內涵；兩個巴掌合在一起，就可以發出清脆的聲音，一根筷子易折斷，十根筷子捆在一起，要想折斷就難了。這告訴我們，人生中無數的生活現象，自然中無數的景觀，再再揭示著一條真理：團結就是力量！

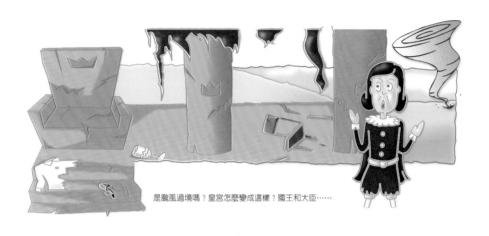

是颱風過境嗎？皇宮怎麼變成這樣？國王和大臣……

放下你的官架子，和群眾打成一片

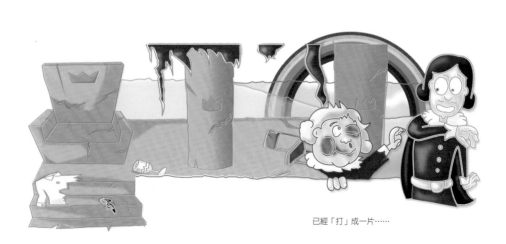

已經「打」成一片……

諸葛亮曾說過這段話：「如果你是一個將軍，在行軍作戰的時候，想要與部屬同甘共苦，打成一片時，那麼，軍中沒有打來井水，你就不能說口渴；軍中的伙食沒有弄好，你就不能說肚子餓；軍中沒有點火取暖，你就不能說冷；軍中沒有搭好帳蓬，你就不能說睏倦。」

漢代大將軍李廣，雖位居高官，但他能與部下同生死共命運，與他們滾在一起，打成一片。士兵們吃什麼，他就吃什麼，士兵們喝什麼，他也喝什麼。不作戰的時候，他把自己看成是普通士兵中的一員，與他們混在一起遊戲，不是在地上劃軍陣對壘，就是比試射箭以罰酒。

李廣這樣做，並沒有降低自己大將軍的身分，反而抬高了自己的人格，也增進了與部下之間的感情，同時，自己在兵士中也獲得了威望。這使得一旦要與敵方作戰時，眾將士們都能齊心合力爲他以死拼搏。

三國時的曹操，人稱奸雄，但總是有那麼多的將士甘願爲他賣命。箇中的奧妙在哪裡呢？仔細想來，恐怕就是這位「奸雄」在眾將士們面前大多時候不奸雄，他能放下身子來與部下們摸爬滾打在一起，因而，部下們信他、服他、聽他擺佈。

當年曹操率領著十七萬大軍與袁術軍隊戰於壽春城時，曹操一馬當先，來到城下與士卒們一道攻城。攻城的時候，爲了要塡塞溝壕，需要搬運土石，當有兩名大將因城上箭如雨下，不敢近前搬運時，曹操立刻斬了這兩員大將，並親自下馬接土塡溝。

這樣與將士們同生共死以成就事業的風度，確實讓人感動！而在這樣的領導者面前，部下豈有不敬他、畏他、聽他指使的道理？

　　做為一個領導者，要藏起「官」氣凌人的面孔，真心誠意地與部下打成一片，自己要求部下要做到的事情，本身也一定要能做到。時時、事事、處處要能把自己視為大家庭中的一份子，在利益與困難面前，你要能把自己與部下捆在一起，抱成一團，這樣，你的統領作用就會在打成一片當中發揮得淋漓盡致，這樣，你這種不露聲色的統領藝術，就會成為一種看似無所作為卻無所不為的智者風範。

　　放下你酸臭的官架子，謙虛一點。

　　請與你的部下同甘共苦。

　　請把自己與部下擺在同一地平線上吧！

真仁慈的國王用錢幣來犒賞官兵士氣……

懂得將心比心，才能得到民心

不！是錢幣型的國王寫真集……

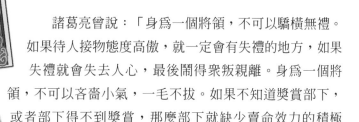

　　諸葛亮曾說：「身為一個將領，不可以驕橫無禮。如果待人接物態度高傲，就一定會有失禮的地方，如果失禮就會失去人心，最後鬧得眾叛親離。身為一個將領，不可以吝嗇小氣，一毛不拔。如果不知道獎賞部下，或者部下得不到獎賞，那麼部下就缺少賣命效力的積極性。這樣，軍隊就不可能打勝仗，國勢也因此會虛弱。國勢虛弱，相對的，敵人就強大了。」

　　孔子說：「如果有人具備周公那樣的德才，但驕傲吝嗇，那麼，就算他有再好的德才，也是不值得稱道的。」

　　要知道，一個人如果過於驕傲、清高，那麼他是很難與人相合的，因為這樣的人如果碰到比自己更強的人，他不願意攀附，如果碰到比自己弱的人，他又不肯俯就，到頭來他就像孤雁一般沒有一個朋友。

　　再者，俗話說：「捨不得孩子套不住狼。」一個人如果「玩燈的怕打破了鑼」，或者只想「又要馬兒好、又要馬兒不吃草」，吝嗇成性，終究不會成事的。因為要想獲得某種成功，是要付出相當代價的。

　　所以，身為一個領導者不要走入驕、吝的地雷區。

　　三國時的將領關羽，忠勇有餘，只可惜個性驕傲自大，碰到事情任性使氣。諸葛瑾曾懷著一片好意勸他把女兒嫁給孫權之子，以兒女的聯姻取得蜀吳的政治聯姻，哪裡知道關羽舉止傲慢，態度驕橫，不但不聽勸，還把諸葛瑾臭罵了一頓，不知不覺使自己結怨於人，這是很不值得的。

　　再說小氣吝嗇，三國時的呂布雖然驍勇無敵，卻也有小腳女人的吝嗇。屯軍下邳城時，他只顧自己享受作樂，而不管兵士的死活。守城將士喝點酒，卻被他大

加責罵，結果惹得眾人憤怒，士兵們怨恨地說：「呂布只戀妻子，視吾等如草芥。」

士兵的感受如此這般，呂布能不敗嗎？

生活
智慧

　　從古鑑今，身為今天的領導者，在和底下的人同心同德、群策群力，為團體奮發，為自己效力的同時，也應力戒驕吝二字。對底下的人，領導者應視他們為自己的朋友，尊重他們，關懷他們，不可居高臨下，盛氣凌人；對於部下工作所獲得的報酬，也應該慷慨地給與，該補助的要補助，該發的獎金要發，這樣，部下怎麼不會唯領導者之命是從呢？

王子騎馬的英姿真帥……

馬不必名馬，只要會跑就行

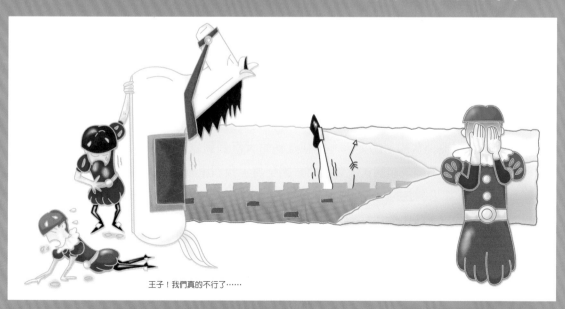

王子！我們真的不行了……

騎馬不一定非要名馬不可，只要馬能跑得快就行。也就是說「不管是白貓、黑貓，只要能抓住老鼠的，就是好貓」，諸葛亮在延攬對蜀漢有用的人才時，就非常懂得這個道理：用人當不拘一格，不必面面顧及。

三國蜀漢集團中有一個是非人物，名叫魏延。這個人的性格很複雜，很難給他一個確定的評價，他不時想著篡位奪權，叛逆之心，昭然若揭，你說他卑鄙可恥，不恰當，他只不過是頭生反骨，愛跟人頂撞、鬧彆扭而已，你說他很有本事，也不見得；你說他沒能耐，也不妥。他就是這麼一個集優點與缺點於一身的將領，諸葛亮卻大膽地委以重任。

費褘出使東吳時，孫權曾評價魏延說：「此人勇有餘，而心不正。若一旦無孔明，他必為禍。孔明難道不知道嗎？」

後來，費褘將孫權的話轉告了諸葛亮，諸葛亮長嘆一聲道：「吾非不知此人。因惜其勇，故用之爾。」

選用人才不可求全責備，也不能斤斤計較。人才可能有某些短處，只要對你有用，就不妨大膽使用，這就是為什麼諸葛亮會起用魏延這個「心不正」的人，那是因為看上他「勇」這一點的緣故呀！

春秋時代的齊桓公也很明白這個道理，也因為這樣，他得到了寧戚這麼一個有用的人才。

寧戚開始是從衛國來投靠齊桓公的。齊桓公對他有所了解後，就準備重用他，讓他協助自己處理一些國家的大事。但朝廷裡的大臣們到處散播蜚語，說他這不好，那不行，還說：「寧戚是衛國人，魏國離齊國不遠，我們應該派人去調查一下，看他是否有什麼毛病，如果調查的結果證明他真的是一個賢人，再起用他也不遲。」

齊桓公說：「不能這樣做。我也曾擔心他有缺點或者有什麼過失是我不知道的，但

是你們要明白，賢士不必一定要像聖人，毫無缺點，他只要有才智就行了。如今有很多人斤斤計較那些雞毛蒜皮的缺點，而忽略了他本質上好的一面，如果我要聽信這些人吹毛求疵的話，那就永遠不可能得到有用的人才了。」

於是，齊桓公立即點燈，大擺筵席，親自宴請寧戚，並請他擔任齊國的相國。寧戚擔任了齊國的相國後，多次聯合各諸侯國，促進了天下的安定與統一。

生活智慧

馬不必名馬，只要會跑就行。

不管是白貓、黑貓，只要能抓住老鼠的，就是好貓。

賢士不必像聖人，有才智就好。而用人真當不拘一格，不必面面顧及。

諸葛亮、齊桓公看人、用人的這種觀點，確實值得推崇。

跛腳的人會用拐杖，一樣健步如飛

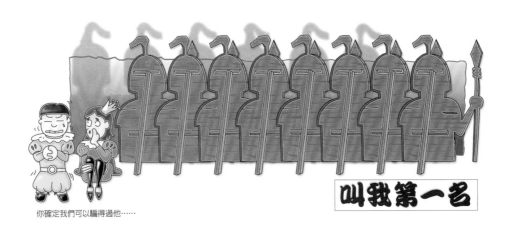

諸葛亮是一個很會用人的人，他曾說：「軍隊要出兵作戰，必定會有各種的幕僚來為將帥策劃。他們集體探討，研究得失，提出看法，供將帥作為參考。有的人口若懸河，善謀能斷，見多識廣，博學多才，這是萬人中最出色的人才，將帥就應把他聘作上等的幕僚；有的人勇猛如熊虎，敏捷若猿猴，剛毅如鐵石，銳利如刀劍，這一類的人是一時的英雄，將帥可以把他們聘作中等的幕僚；有的人在多次謀劃中能偶爾提出正確的意見，但技藝淺薄，才學平常，只具有常人的能力，將帥可以把他們聘作下等的幕僚。」

　　諸葛亮曾根據自己的摸索、觀察，把手下專長各異的將領分為九類：

◎大將：寬厚、剛強、勇猛而又多謀者。這樣的人對賢士能虛心請教，接受他人的
　　　　意見。

◎猛將：小仗打得認真，大仗打得勇猛，其氣蓋全軍。

◎騎將：善騎兵，會射箭，能攀高山，行險地，作戰的時候，進攻衝在前，撤退走
　　　　在後。

◎步將：氣概豪邁，行動敏捷，善操兵器，固守陣地。

◎仁將：管理部隊時講道理、用禮法，對部下關心，能與他們同甘共苦。

◎義將：以獻身為榮，以苟活為恥，做事能從長遠來著眼，且不為名利所累。

◎禮將：性情剛烈，能忍辱負重，作戰時屢建功勳，但並不以此為傲。

◎智將：戰術靈活多變，遇事足智多謀，作戰時能轉敗為勝，轉危為安。

◎信將：對戰鬥中英勇殺敵的將士予以獎賞，對臨陣怯戰、膽小怕死的將士予以處
　　　　罰，處罰時，不論貴賤，公正嚴明。

諸葛亮又曾按照性格和技能的不同，把手下的士兵分成六大類：

◎報國之士　好鬥樂戰，敢於進攻頑敵者。

◎突陣之士　氣蓋三軍，身強力壯，勇猛善鬥者。

◎拳旗之士　健步如飛，奔跑似馬。

◎先鋒之士　善騎善射，箭無虛發者。

◎飛馳之士　拙於騎而善於射者。

◎攻堅之士　善於使用強弩，雖然射程不遠，但百發百中者。

諸葛亮明白手下將士的「斤兩」，且依著他們的脾氣、性格、能耐來運用，就像一個深諳馬性的馬夫。

從下列諸例中，可以看出諸葛亮的知人善任。

楊戲，二十歲的年紀，可說是個嘴上無毛的小傢伙，但因為他典刑斷獄，論法決疑，極為公允，是從事司法工作的好手，所以諸葛亮讓他當了督軍的職務。

鄧芝、董恢，能言善辯，機智異常，是從事外交的長才，所以諸葛亮就讓他們做說客，出使東吳，以修盟好。

姜維，忠勤職守，思慮精密，又通曉軍事，深解兵意，很適合擔當指揮全盤的腳色，所以諸葛亮就委以中監軍、征西將軍的重職。諸葛亮在撒手歸西前，還留下遺言，讓他承擔北伐中原的重任。

事實證明，諸葛亮正是善於擇人用人，並且能將所用的人發揮其所長，避免其所短，諸葛亮也才得以經常立於不敗之地。

用人要能用其所長，就像一把好鋼要用在刀刃上，才適得其所，也才會鋒利無比。身為一個領導者，就算自己某些地方能耐差些，只要會差使人，且能用人之所長，同樣能把事情做得好，這好像跛腿的人單獨走路不便，但會用　杖，走路一樣能走得很俐落一樣。當然，如果一個領導者已經很有本事，如果再能善用人，且用其所長，那麼，就如火藉風勢，如虎添翼，更加了得。

生活
智慧

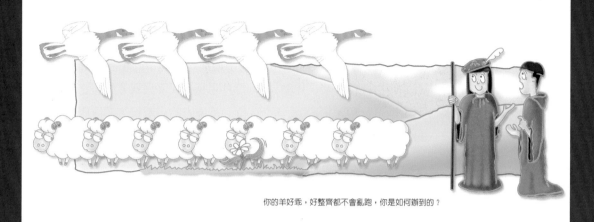

你的羊好乖，好整齊都不會亂跑，你是如何辦到的？

教訓別人之前，先讓他知道「規矩」

哈……我是用強力膠將牠們黏在地上。當然乖！

諸葛亮曾說過：「說起治理百姓的道理，當以風俗教化引導他們，讓他們知道該怎麼做，不該怎麼做」。又說：「宣揚道理仁義之美以化育百姓，則百姓知道在行動中遵從之；明示好壞善惡之區別，則百姓明白行為該禁止什麼。」「日月明亮，天下民眾才仰望它；天地廣闊，則萬物順應它。」「堯舜在位，連遠方的少數民族都臣服貢獻；桀紂當政，國內的諸侯都群起而攻之。這並非老天爺偏心，厚此薄彼，而是君主善於化育教導與否的結果。」又說「農夫培養禾苗，使禾苗苗壯成長，總是先把禾苗身旁的雜草鋤除掉。」「當官的治人，就當如農夫養苗，先除其荒蕪的雜草。」

一個英明的領導者在統領部下、治理百姓的時候，就像明智的父母管教孩子一樣。舉例來說，小孩子往往視玩火為樂趣，把動刀舞棍看作英武、當作能耐。然而要知道，玩火不小心會引起火災，動刀舞棍也可能傷人毀物。如果不幸發生後，父母又打又罵，雖然也可能收到管教的效果，但是如果父母在事前就能夠好言向孩子說明玩火取樂的害處，以及耍刀弄棒的後果，讓孩子打心眼裡就知道這類事情的可怕，讓悲劇不會發生，不是更好！

其實，領導者統領部下或者治理百姓，和父母管教孩子是沒有兩樣的。要使部下正道而行，不犯錯誤；要使百姓馴服不造亂子，領導者雖然可以使用手上的權柄，大開「殺」戒，只要有人犯事，拿起「棍子」就猛敲一頓，雖也可收一時之效，但也只能說是補救的措施，就好比羊從破欄圈裡跑掉，事後再去修補欄圈，雖然可以避免再損失，但已經丟了羊，總不是一件很快樂的事情。況且，當有人犯事以

後，領導者再謀求補救，也不見得總是有效。

　　諸葛亮當年治蜀，雖然也注重嚴刑峻法，但更注重勸戒訓導。他曾作「八務、七戒、六恐、五懼，皆有條章，以訓厲臣子」。諸葛亮藉此讓部下知道如何趨避。歷史證明，諸葛亮的種種做法是英明的。

教訓別人之前，先讓他知道「規矩」

　　一個領導者在做每一件事之前，都應該對部下先教化、引導之，防微杜漸，防患未然。這就好像把一切不好的種子和土壤先徹底剷除掉，讓不好的苗頭還在萌芽的階段就被消滅掉，這樣部下或百姓就不會誤入邪門歪道了。

該辦就要辦，千萬別心軟

提起諸葛亮治軍國有方，法紀嚴明，就會讓人們想起有名的「諸葛亮揮淚斬馬謖」。

秦嶺之西，有個要道口，名街亭，是漢中的咽喉。司馬懿引兵出關，欲取街亭。馬謖便主動請戰，立下軍令狀去街亭防守。

哪知馬謖驕狂自大，自以為熟讀兵書，頗知兵法，就不顧諸葛亮在其臨行前的指教，也不聽王平的勸阻，而擅作主張，將營寨紮於山上。結果司馬懿引兵攻打，先令兩路兵士圍山，斷了蜀兵的汲水道路，致使蜀軍山上缺水，無以為食，最後不戰自亂，丟了街亭。

諸葛亮平時與他情同手足，但他違犯法紀，又是敗軍之將，為了法紀的尊嚴，最後還是依法處斬了馬謖。

當蔣琬等人求刀下留人時，諸葛亮揮淚答道：「從前孫武所以能勝於天下者，用法嚴明也。今四方紛爭，兵戈方始，若復廢法，何以討賊？合當斬之。」

諸葛亮的這種作法，使做作為一個領導者的權威形象又放大了不知好幾倍。一個領導者對於自己所統領的形形色色等人，一定要樹立起威信，要有大丈夫的氣概，不能因要顯得寬容大度，而對事情毫無原則，而讓那些缺乏自制能力的下屬做出難以挽回的憾事。

諸葛亮曾說：「一個將帥能使百萬雄軍垂首聽令，連大氣都不敢喘一口，這是因為將帥能以法紀嚴屬約束士卒。如果將帥不善於使用刑罰大權，遇事就像個好好先生，那麼，這無異於姑息

養奸，士兵們自然不講理法仁義。如果是這樣的話，即使位居顯要，也不能避免倒台滅亡的災厄。所以，不論貴賤高下，無分功臣小卒，只要誰不守法紀，就毫不留情地繩之以法，嚴懲不貸。」

生活
智慧

　　上述的言論，說明了一個真理：做官的人要想樹立起領導者的權威形象，應該法紀嚴明。所以，一個英明的領導者對待部下不但要有慈母般的愛心，更要有嚴父般的威勢。讓下屬對領導者又愛又畏，這樣，領導者才具備應有的威望。

看統領在講述戰略，真是雄才大略，令人佩服！

將領需具備的「五德四慾」

但到了要真正執行的時候……

諸葛亮在《將苑・善將》中曾說過，優秀的將領要有「五善四慾」的德行。

「五善」，是說將領要具有五種專門的技能：

◎善知天時、人事　一場戰爭的勝利與否，必須配合著天時、地利與人和。所以，將領應知道戰爭過程中天下的大勢，具體情境的時機以及人心的向背，並能做充分有效的利用。

◎善知山川的險阻。戰爭的勝負往往取決於能否依照地勢的便利，作爲進攻退守的依據，也就是說，天時不如地利，所以一個優秀的將領要對作戰區域的地形瞭如指掌。

◎善知國之虛實。對於國家的情況要知之甚詳，譬如說：國家的財力、人力是否能應付一切戰爭的需要？是否適合打持久戰？還是速戰速決？還是根本就不適合起兵打仗？這種種的一切，優秀的將領都應該做出最正確的評估。

◎善知敵之形勢。防禦與進攻的時機和方法都要建立在對敵情及時而準確的判斷和預料上。

◎善知進退之道。一個優秀的將領要知道什麼時間進攻，什麼時間撤退，並能作出恰如其分的選擇。

「四慾」，是說將領應具有四種良好的心理品格

◎戰慾要奇。軍以奇計爲謀，以絕智爲主。將領作戰要像高手下棋一樣，以妙招險著取勝。

◎謀慾要密。將領所做出來的部署與謀劃要能周密與謹慎，且滴水不漏，無懈可擊，方能穩紮穩

打，百戰不殆。

◎眾慾要靜。將領要能不浮躁，不衝動，保持冷靜而清醒的頭腦，才能以不變應萬變，冷靜駕馭事態的發展變化。

◎心慾要一。將領的心志要始終如一，一旦目標選定，奇謀被採用，就要堅定不移地走下去，而不能心猿意馬，半途而廢。

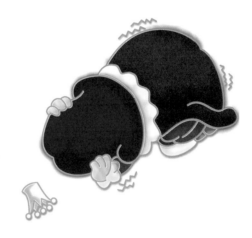

生活
智慧

將領，是一個國家的棟樑，軍隊的軀幹，他關係著戰爭的成敗。所以，將領要有良好的素質。而一個具有良好素質的將領，不僅應當有非凡的道德，也應當有過人的智慧。

我太了解你了，果然只帶劍來赴約……哈

知道自己斤兩，才知對方輕重

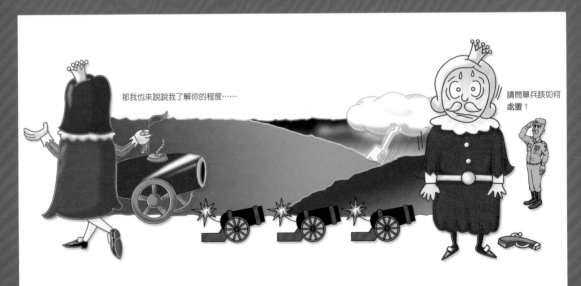

那我也來說說我了解你的程度……

請問單兵該如何
處置？

諸葛亮在《將苑・揣能》中說：「古時善於用兵的人，考查戰前雙方各方面的情況，便可大致預料誰勝誰負。戰前必須考查的情況是：哪一方的君主較為聖明？哪一方的將帥較為賢良？哪一方的官吏較有才能？哪一方的糧草軍餉準備得較為充足？哪一方的兵卒訓練比較有素？哪一方的軍容較嚴明整齊？哪一方的戰馬跑得較快？哪一方的地勢更為險峻？哪一方的幕僚更有智慧？哪一方更能威懾鄰國？哪一方的財寶較多？哪一方的百姓真正的能夠安居樂業？」

　　諸葛亮在《將苑・勝敗》中又說：「讓賢能的人擔任重要的職務，把沒有才能的居次位；三軍內部團結和睦，士卒都能服從將帥的領導，且相互勉之以勇猛，賽之以威武，誠之以賞罰。這樣的軍隊則有勝利的希望。如果士卒懈怠散漫，三軍自相驚擾，士兵不講禮義，且無法無天，並以敵人的威勢相互恐嚇，士卒間相互談論的是謀取私利，在意的是避禍得福，傳播的是謠言蜚語。這樣的軍隊不亡也敗。

知道自己斤兩，才知對方輕重

諸
葛
亮
，
你
在
說
什
麼
？

生活
智慧

　　打仗要知己知彼，要能預料勝負，這樣，才可能避免無謂的流血犧牲，這樣的仗才可打得平穩而不亂。

國王來探視戰場上受傷的士兵們……

先禮而後兵

他非常需要來一針！

　　姑且不論偉大的人或平凡的人，任何人也不可能有眼觀六路，耳聽八方的本事，任何人也不可能什麼事情都能明察秋毫，毫不出岔，正是所謂的駿馬也有失蹄之時。所以，做為一個領導者應該明白這點，不能把部下都當作完美無缺的聖人，應該允許他們有犯錯的空間。

　　但是，部下犯錯或者出亂子總不是一件好事，對於個人或者團體都會造成一定程度的損害，更何況有些亂子是居心不良，故意所致。

　　所以領導者對於犯錯的部下就不可以睜隻眼閉隻眼裝作沒有看見。領導者必須採取某些措施使部下儘量少犯錯，或者即使犯了錯也能及時改正，把損失減少到最低限度。

　　領導者如何對待那些犯了錯的部下呢？對於那些品行不端，圖謀不軌的人所犯的錯誤，因已造成了巨大的損失或者不良的影響，領導者不可心慈手軟，為了嚴肅法紀，教育旁人起見，一定要「殺雞給猴看」。因為這就像部下「病了」，已經沒有辦法「打針吃藥」，領導者只好遺憾地「斬」他，讓他戴著花崗岩的腦袋去見上帝。

　　對於那些偶有過失，未曾觸及法紀的人，可採取「治病救人」的方法，而對於那些犯了過錯但屢教屢不改的人，就要採取「先禮而後兵」的方法。這就像是有的人得了「病」，客氣地給他「打針吃藥」，「病」好了，照樣可以健康地做事。這就是諸葛亮所說的「教令在先，誅罰在後」。

　　三國時張裔原是劉璋的謀臣，因精明能幹，諸葛亮先後拜他為巴郡太守、司金中郎將。但是張裔這個人心胸狹隘，他與大將楊洪本來是朋友，關係不錯，可就是因他的兒子張郁在楊洪的手下被處罰過，張裔就有些受不了，與楊洪鬧起彆扭來，以致貽誤了一些事情。對於張裔的過錯，諸葛亮首先還是說說罷了，後又多次給他寫信，動之以情，曉之以理，指出他需要改進的地方。後來，張裔還真的被感動了，糾正了錯誤，也改變了態度。

對於不思改過的部下，諸葛亮最後也是會寒著臉打板子，來真格的。

武陵臨沅人廖立當初被諸葛亮視作「楚之良才」，並委以重任。劉備死後，廖立對李嚴做了諸葛亮的副手極為不滿，曾失去理智地在劉備梓宮之側抽刀殺人，以洩私憤。諸葛亮當時以新遭大喪，未便加罪，後來還反覆勸誡他。但他利慾薰心，總是聽不進去，並變本加屬地散布流言，誹謗諸葛亮所用的一些人才。諸葛亮見他死也不悔改，再也忍無可忍，便在建興二年上表彈劾廖立，將他削職為民。

以上的兩例就是諸葛亮所說的：「教令在先，誅罰在後」。

生活
智慧

　身為領導者對於部下犯錯時的處理態度，要「教令在先，誅罰在後」，也就是先禮而後兵，讓「生病」了的部下有「吃藥打針」的機會，而不是在犯錯的當下，不問青紅皂白地就一個悶棍把部下打在地上爬不起來。因為，人難免「生病」，「病」好了，照樣可以健健康康地做事。

國王真是太辛苦了，深夜了還在日理萬機……

疑人不用，用人不疑

錯！我在偷偷的替你的情書打分數……

古代賢明的君主大都很懂得用人不疑的道理，他們一旦獲得了可信的人才，總是放心大膽地放權給手下，讓手下能在極大的限度下發揮自己的聰明才智。諸葛亮曾在《將苑・出師》中描述過，古代賢君在將士出師儀式上的神聖表演，把先賢「用人不疑」的主題宣示得淋漓盡致。

其神聖的出師儀式如下：

齋戒三天後，君主和所選的賢能將士共進祖廟。君主朝南而立，將士面北而站。

在莊嚴肅穆的氣氛中，朝中太師手捧一把象徵權力的大斧恭恭敬敬地獻於君主，君主接斧以後，就授於將帥，並心誠語切地對將帥說：

「從現在開始，你到了軍中以後，一切的軍機大事由你掌管、指揮。」

接著又命令道：

「發現敵人勢力單薄就發起進攻，敵人強大就後退。不要以為自己居高顯貴就輕視旁人，不要以為自己有獨特的見解就不聽別人的意見，不要自恃功勞顯著就……。」

將帥受命後，便打開北城門，率領軍隊踏上征途，君主送至北門，半跪在地上，推著將帥的車輪說：

「進攻和撤退一定要把握住時機，軍中一切事宜，就全權交付於你，不必聽命於君主了。」

這樣的出師儀式籠罩著君臣的互信、上下相倚的氛圍，讓諸葛亮感慨不已。諸葛亮曾由衷地說：

「像這樣，將帥就上不受天的制約，下不受地的拘束，前不懼強敵，後不憂君主，所以才能在外戰勝凶敵，在內主功受賞。」

事實上，用人者最忌諱用其人又疑其人，這就好像給被任用的人「劃地為牢」，手腳加了繩索一樣，這樣，被任用的人時時處處像裹小腳的女人，步步謹慎，時時多心眼，又哪敢壯著膽子大刀闊斧地幹事業呢？

生活智慧

「用人不疑」豈是一件簡單的事情？用人的人要有眼力，要有主見。試想一下，如果當初文侯沒有主見，聽著風便覺是雨，那樂羊的頭顱不是早就搬家了？！哪還能大勝而歸？用人的人對被用的人只有以誠相待，把被用的人當做是至親，當成是朋友，把重任交給對方的同時，也要把一顆赤誠的心交給他，這樣的話，被用的人哪裡不會拼死效力呢？「疑人不用，用人不疑」的道理，古代賢明的君主大都很懂，這可由古代無數的忠臣義士，他們肝腦塗地的壯舉可以做為註解。

抓住根本就OK

諸葛亮在《便宜‧治國》中曾如是說：

治國之「本」就是處理大事的法則，也就是君臣百姓的行為準則。治國時，要模擬天地的客觀規律，使君臣百姓各安其位，各守其分。

事物起源於天地，有了天地才有萬物，所以天下的萬事萬物，沒天不生，沒地不長，沒人不成。依此推斷，國家不可無君主，不可無臣相，不可無百姓。而且，最重要的是君臣百姓在國家中的位置不能顛倒。這就像是天上的星星，如果說君主是北極星，那麼臣相就只能是北斗七星，而百姓當然就是眾星宿了。

諸葛亮又說：「國家根本法則的制定和施行，不可違背客觀規律，要適當、適用。圓孔的鐵鑿不能配上方形的木柄，鉛製的刀不能拿來砍伐樹木。這是因為違反了客觀規律的緣故，超越了工具的使用範圍，工具就不能發揮作用了。」

生活
智慧

　　一副魚網雖然很大，但只要握住了網繩，整個漁網的網眼就會張開，同理觀之，無論任何需要處理的事情，只要抓住了根本，其他的問題就可迎刃而解了，這就好比寫文章一樣，只要抓住了中心思想，不離主題，那麼寫出來的文章就算成功了一半。治理國家也是這樣。只要治理國家的法規用得其所，能夠發揮作用，那麼，治理國家的人就算是抓住了「本」。

用科學方法做合理預測

話說諸葛亮臨死之前，料想自己一命歸陰後，司馬懿（即仲達）會乘機起兵追殺，便授計大將楊儀，在自己死後退兵時，如果司馬懿率兵追來，就推出自己的木雕塑像，以假亂真，以達到驚退司馬懿的目的。後來，諸葛亮死了，司馬懿果然發兵追擊，楊儀按照諸葛亮生前的遺囑做了，那司馬懿以為諸葛亮還健在，深怕中了他的計謀，不敢進逼。於是楊儀率軍結陣從容而去。不久，司馬懿知道了事情的真相，驚呼上當，並自我解嘲說：「吾能料生，不能料死。」

這就是三國故事中最有名的「死諸葛嚇走活仲達」。諸葛亮行事具有高超的預測力，這也就是為什麼後人尊他為神明的緣故。

無數的人生經驗證實了這一點：善於預料者勝，拙於預謀者敗。

智者行事，科學預測，妥為預謀，至少有兩個好處，一者，深知何者為利，何者為弊，便於取捨；二者，對策在握，心裡不慌，身居主動，地處不敗，以不變應萬變。

但是，科學預測，合理預謀，並不容易，預測不是靠胡謅亂矇就能奏效，預謀也不是隨便想個法子就可預事。科學預測、合理預謀，要智慧，要能

力，要能對客觀的事件、對象有深刻的了解才行。

　　諸葛亮能預計魏國的司馬懿在自己離世後會發兵攻擊，是基於他對蜀漢在失去自己後的情況所做的分析，也是基於他對司馬懿個人的了解，諸葛亮太懂得司馬懿為人謹慎，辦事小心的本性了，也太了解蜀漢失去了自己，司馬懿一定會趁三軍哀痛之餘渾水摸魚，也因為如此，直到今天，才有這幕活劇讓我們拍手叫絕。

　　善於預料者勝，拙於預謀者敗。

　　出遠門，行遠路，觀日月，察天象，預測天有大雨的時候，帶把傘，就可免卻「落湯雞」的狼狽。

　　炒股票，玩證券，如果能夠根據投資行情的變化，推測證券市場的發展趨勢，並適時地拋出自己手中的票證，便不至於被「套牢」。

　　下棋的時候，如果自己在下出一著後，能預見下第二著、第三著或者是第四著時對手會怎樣應付，而又能預謀自己該怎樣反擊，那麼，下棋就會下得百戰百勝。

生活
智慧

愛才不貪財

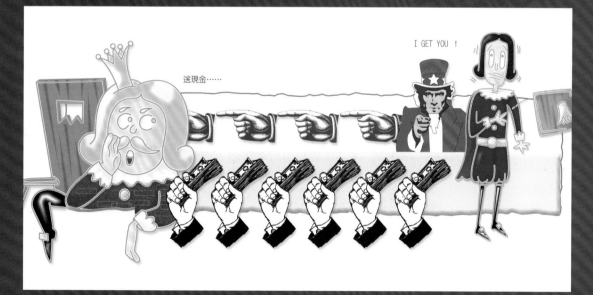

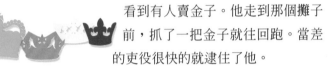

《列子》曾記載了這麼一個故事：

齊國有一個人很是貪心，天天想著那裡可以撈到一大把金子。

有一天，他起了一個大早，穿好衣服去逛市集。到了街上，看到有人賣金子。他走到那個攤子前，抓了一把金子就往回跑。當差的吏役很快的就逮住了他。

「人家主人在場，你為什麼敢拿別人的金子。」當差的問那齊人。

齊人回答說：「我抓金子的時候，沒看到別人，只看到金子。」

乾坤朗朗，齊人竟敢明目張膽地抓別人的金子，這就是貪心使他鬼迷了心竅，物慾使他失去了理智的緣故，然而貪利未必就能獲利，而且往往還會偷雞不著蝕把米，像齊人一樣。

時至今日，把「人無橫財不富」當做座右銘的人很多，或以權謀私，貪污受賄；或巧取豪奪，坑矇拐騙；或雁過拔毛，敲詐勒索，種種行當，不一而足，然而到頭來，他們還是逃不過正義和法律的制裁。

所以，君子處世，愛財而不貪財，求利但求正當的利，一生坐得安，行得穩，良心無愧，也因此高尚和聰明的人處世時把廉潔不貪看成是無價之寶。

建興十二年，諸葛亮統兵十萬，開始了第五次的北伐。臨行時上表後主劉禪說：

「我在成都有八百棵桑樹，十五頃貧瘠的田地。這用於我的子孫已足夠了。至於我在外率兵作戰，也沒有別的收入和開銷，隨身的衣食，都靠府庫撥給。也不圖有別的生財之道，使自家增加一點一滴的財富。若我離世之日，不使內有餘帛，外有餘財，以負陛下。」

一個位居相國、功勛卓著的人，家財只有八百棵桑樹，一點薄脊的田地，真叫人欽

敬他廉潔奉公、淡泊財利的風範！也因為這樣，他的風範影響了他的屬下，諸如：

費禕，雅性謙素，家不積財。

鄧芝，不治私產，妻不免飢寒，死之日，家無餘財。

姜維，宅舍弊薄，資材無餘。

諸葛亮寡欲，屬下輕利，整個蜀漢集團廉潔之風大倡，也因此能成就諸葛亮的一番大事業。

春秋時代的子罕也是把廉潔不貪看成是無價之寶的人。

有一次，宋國有人把一塊寶玉獻給做司城官的子罕，子罕死活不接受。他說：

「人的品格很重要，不貪的品格是無價之寶。你把寶玉當作珍寶，我卻把不貪看作珍寶。如果我收了你的寶玉，那我們不都失去了自己的珍寶嗎？」

生活
智慧

　　誰都知道，錢財不咬手，錢財是個好東西。人餓了就要吃，天冷了就要有衣穿，人要生存，再再少不了錢財。但是，人不可以貪財，人不可以謀非法之利，人不可以取不義之財。人一貪起財利來，就會掉進錢的漩渦裡，陷入「利」的深窟中爬不出來。人一貪起錢財來，就會變得喪心病狂，失去了理智，甚至會不擇手段，做出傷天害理的事情來。所以，君子處世，應該愛財而不貪財，求利而求正當的利，一生坐得安，行得穩，良心無愧才是。

國王果然愛民如子……太感人了！

養兵如養子

跟我擁抱過的都送前線……

諸葛亮曾經說過：「古代善於帶兵的將領，對待士兵就像對待自己的親生兒女一樣。遇有危難，自己一馬當先。遇有榮譽，則將榮譽歸於士兵；遇有士兵犧牲，一定以最悲悼的心情為其哀悼與安葬；遇有士兵受傷，一定會含淚予以撫慰；士兵飢餓了，一定會將自己的食物先分給他們；士兵寒冷了，一定會脫下自己的衣服給他們穿；對於有智慧的人，一定會厚禮相待，並加以重用；對於勇敢的人，一定會給予獎賞和勉勵。」在戰場上，不論將帥的本領再大，如果沒有眾兵士的衝鋒陷陣，是不可能戰勝敵人的，所以，對待士兵最好的方法莫過於像對待自己的兒女一樣地愛撫、激勵與教戒。

　　建興九年，諸葛亮率兵與司馬懿戰於鹵城。那個時候，司馬大軍守住山險，不出來應戰。蜀兵因與魏軍相拒日久，加上這時麥盡無糧，有很多人都思家心切，想著早點回成都與家人團聚。

　　就當時的形勢來看，那時司馬懿暗中派了孫禮、郭淮兩員大將率兵去劍閣截斷蜀軍的糧道，而且司馬懿也隨時有可能引兵攻襲鹵城。照理說，在這節骨眼上是不能放這些軍士歸家的。但是，諸葛亮將心比心，很能體諒眾兵士思家的心理，以及他們那時的心境，於是，諸葛亮做出了很有人情味的決定，他說：「蜀兵應去者，皆準備歸計，其父母妻子倚門而望；吾今便有大難，決不留他。」隨即傳令，讓那些想回家的士兵們當日便行。

　　這一出乎意料之外的決定，儘管對於諸葛大軍的軍事行動不利，但它把諸葛亮對眾士卒的關懷體貼之情傳達給了士卒們。在這種情感的激勵下，眾士卒不禁由衷地大呼道：「丞相如此施恩於眾，我等願且不回，各捨一命，大殺魏兵，以報丞相。」於是，群情激動，原來想回家的也不回了，大家留下來打了一場漂亮的襲擊戰。

　　諸葛亮奉獻自己的一片愛心，用來招攬軍心，激勵士氣。在中國的歷史上，聰明的軍事將領也都會如此。

生活
智慧

　　軍事將領對部下寬厚、仁愛，有如養子一般。事實上，其他行業的主管如果希望部下能竭誠效忠公司的話，也應遵從此理。

　　日本桑得利公司是當今日本資財雄厚的一個商業集團，其老板島井信治郎，就很懂得領導藝術。他對雇員關心、愛護，使得整個公司上下精誠團結，從而產生了巨大的經濟效益。據說有一天晚上，公司的雇員在寢室叫嚷房裡有臭蟲，不能好好休息。島井聽了，便在雇員們熟睡的時候，悄悄地拿著蠟燭到雇員的宿舍內抓臭蟲，雇員們被驚醒之，都感動得熱淚盈眶。

懂得尊敬賢能，國家才會興盛

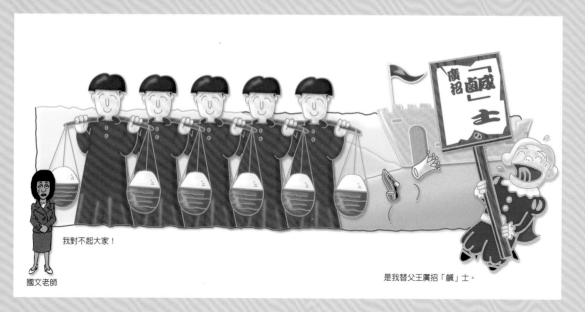

諸葛亮十分重視人才的選用，將此作爲治國的首要工作。在隆中向劉備分析曹操之能戰勝袁紹時，他就把「人謀」的問題看成是治國的首要。在成都執政時，他又特別在成都之南修築高台用來延接四方的賢士。諸葛亮在選用人才上，曾反覆勸誡君臣上下：「爲人擇官者亂，爲官擇人者治」，又說：「親賢臣，遠小人」。

　　三國鼎立之時，魏國的曹操雖然心地陰險，處事毒辣，但是他對待有用的人還挺看重，也很客氣，他也曾三次發出「求賢令」，廣招天下的賢士，還三令五申要「唯才是舉」，選拔人才。

　　「海不辭水，故能成其大，山不辭土石，故能成其高。」治國安邦，領導者必須要招攬、籠絡人才，但這不是僅靠空口說白話就能成事，首先還要靠領導者的虛懷和竭誠。

　　燕昭王當年求賢不得，賢士郭隗便講了一個有趣的故事來啓發他。

　　從前，有一個國王欲求千里馬，便派人四處尋訪。有一個臣子在一個遙遠的地方終於找到了一匹千里馬，但是，等到這個臣子趕到那裡時，千里馬已經死了。那臣子便用重金買了這死馬的首級歸來回覆王命。

　　國王見到這馬頭，便責怪臣子不該花錢買個死馬頭回來。

　　那臣子不以爲然說道：「陛下不是很希望得到千里馬嗎？我就是因爲這個原因才花錢買下馬頭。陛下，您想想看，如果您願意花大錢買這個死馬，那就表示您求馬心切。世人一定會認爲您能花錢買個死馬頭就更能不惜重金買活馬。到那個時候，又何愁天下沒有千里馬送來呢？」

　　果不出其言，不到三個月，那國王就得到了幾匹千里馬。

　　郭隗講完了這個故事，便對燕王說：「我雖不賢，但如果您能對我這樣不賢的人厚禮相待，相信天下的名士都會望風而來。」

　　燕王照他所說的做了，不久就有不少的賢才慕名而來。可見，招賢納士，需要向世人表示求賢的誠意。

賢又從哪裡來呢？

諸葛亮曾說：「直木出於幽林，直士出於眾下」。賢能的人往往蟄伏於普通人當中，所以，無論是君主或者是官員，要選賢納士，應該要深入到那些被人遺忘的基層當中去尋找，這樣你才有可能獲得你真正所想要的人。

上古時期，堯帝從泥巴田裡發現了「泥腿子」舜，大膽起用他，舜後來成了有名的賢君。

殷商時代，傅說身為奴隸，為人築牆，武丁將其提拔，後來傅說成了一代賢相。

春秋時代的百里奚，曾被楚人捉住放牛，秦穆公耳聞他的名聲，將他贖回秦國，拜為相。後來他也為秦穆公成就了霸業。

在求取、委用人才時，領導者應該給人才一些相應的待遇。什麼樣的待遇呢？諸葛亮所打的比方相當的有道理。他說：

「求取賢才，應當不惜重禮。這道理就像嫁女娶妻一樣，從來就是抬頭嫁姑娘低頭娶媳婦。閨女嫁人絕少貼錢而願做人家妻子的。姑娘喜愛聘禮，往往不是為了財利，而是用聘禮來顯出自己的身價。所以賢士喜愛重禮，往往不是貪圖錢財的緣故，而是藉此顯示自己的英明。」

領導者以相應的待遇從基層中選賢納士，那麼，國家的根基就不愁了，國家的樑就有了支撐，國家的興旺也就不成問題了。

重才者興，輕賢者亡。一棟房子的樑很重要，但樑無論怎麼堅實、巨大，沒有樑柱的支撐，都不可能雄糾糾地矗立起來。國家就好像一棟房子，君主就好像房子的樑，眾臣就好像房子的樑柱。沒有堅實的樑柱，屋樑就不免要墜地，房子就不免要倒塌。所以說，一個國家重才者興，輕賢者亡。

生活
智慧

懂得尊敬賢能，國家才會興盛

這樣大家都有再戰的勇氣了！

養兵千日，用兵一時

敵人來了……

諸葛亮曾說：「軍隊不加教導和訓練，那麼一百個士兵也抵不上一個人。」養士兵不是像養女人一樣的，吃好、睡好、玩好，而是要他們吃苦流汗，練就殺敵的本領。這時候的士兵用在戰場上就可以一擋百。

因此，參戰的士兵事先不可以不接受正規的訓練。對他們，要以禮儀來教導，以忠信來教誨，以法紀來警誡，以賞罰來化育，然後，再來進行基本功的訓練，例如，坐下和起立，步行和停止，前進和後退，解散和集合。這樣的訓練以後，一人可教十人，十人可教百人，百人可教千人，千人可教萬人。全軍教導得好，則戰勝敵人不難。

諸葛亮不論在理論上或者是實踐上都同樣的重視「養兵」。

建興八年，諸葛亮身患重病，在成都修養。即便是在這種情形下，他也沒有放鬆對士兵的訓練，而是「每日操練人馬，學習八陣之法，盡皆精熟。」也因為這樣，後來司馬懿與諸葛亮鬥陣法於祁山時，司馬懿根本不是對手，落得羞慚而去。

如果將諸葛亮的「用兵一時，養兵千日」用在現在的生活裡，那麼：

一個老師要使自己的學生參加聯考時臨場不怯，穩紮穩打，考出應有的水準，那麼，老師在考前就要對學生嚴格訓練，使其有紮實的基礎知識。

一個企業要想提高產品的質量，生產的效率，達到賺錢的目的，那麼就要全力做智慧性的投資，培訓員工，使員工成為訓練有素的人才。

諸葛亮的「用兵一時，養兵千日」就像孔子所說的：「用未經訓練的人去作戰，就無異於讓他們白白送死。」「讓有能耐的人教練老百姓，七年之後老百姓也可像戰士一樣參加戰鬥了。」養兵如此，教學生如此，培訓員工也是如此。

生活
智慧

「用兵一時，養兵千日」的理念用在生活方面可以這麼說：

做任何一件事情，要想出手不凡，不鳴則已，一鳴驚人，事前總少不得應該有的刻苦磨練。

一個老師要使自己的學生參加聯考時臨場不怯，穩紮穩打，考出水準來，就得在考前對學生嚴格訓練，使其基礎知識紮實，才有可能一日躍過「龍門」。

一個企業要想提高產品質量，達到盈利不虧的目的，平時就要捨得智力的投資，讓員工有培訓的機會，使員工成為高素質的人才。

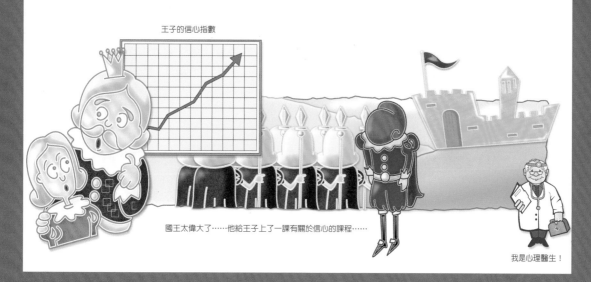

拿權力當寶劍

自古以來，很少有人不看重「權」這個玩意的，就是那些沒有一官半職的尋常百姓，為了這個「權」字，也是有很多人削尖了腦袋往那官場裡擠的。權，的確是一個寶。它可以使你春風得意，它可以使你取得部下的尊敬，它也可以讓你爭得百姓們的畏懼。

諸葛亮是一個淡泊名利的儒雅君子，可是他並沒有淡泊到把權力視作洪水猛獸的地步。相反的，他把「緊握權柄」看成是為官作帥樹立威信、有所作為的先決條件。

他認為：「權柄是否在握，關乎軍國勝敗存亡，是為官作帥者樹立威信的關鍵。如果一個將帥能夠切實掌管軍權，掌握戰爭的主動權，那麼他帶領軍隊，就會如虎添翼。如果將帥掌握不了兵權，就會像魚龍離開江湖，想要戲浪或者遨遊水中，那是不可能的。」

的確，無論是大官，還是小將，如果不能把應有的權力緊緊地握在手中，要想有所作為，或是作一番偉大的事業，那只是痴人作夢，不可能的事。因為任何的妙策、良方，沒有「權」在手，只能停留在「想」的階段，永遠無法付諸施行，當然很難有所結果，這不論是經營公司或者是建功立業都是一樣的。

因此，當官作將的人，在自己的職責範圍內要想獲得主事者的絕對威信，就應該牢牢地把「權」這個尚方寶劍握在手裡，才能使自己立在不敗之地。

不過，如果「權」在手，卻不會用，也會在「權」上翻船的，輕者身敗名裂，重者性命失去。

生活
智慧

　　用權不易。當官用權，是一門學問，也是一種藝術。掌握了這門學問，這種藝術，活用且懂分寸的善用權柄，那麼，不論在宦海行舟或者縱橫商場，就會一帆風順，當然也就不會觸礁翻船了。

　　權力，它是一個好東西，也是一個壞東西。端看你在怎麼使用它，如果權力落在一個野心家的手裡，那麼，它是作惡多端的魁首；如果用在賢德良才的手裡，那麼，它是斬惡扶正的絕佳寶劍。權力，用得好，可造福；權力，用得不好，可致禍。

　　權力，你愛它嗎？權力，你擁有它嗎？不管怎地，只要權力在你的手中，就牢牢地掌握住它吧！

叫人誰不會,兄弟們上!

學我用分身術!

時時警惕自己

星期五電影院,演出劇目:大金剛

他是我表親

《尚書》中說：「怠慢賢能的人，世上就沒有人肯爲他盡心，怠慢普通的人，世上又沒有人肯爲他盡力。」所以，將帥帶兵的要訣就是要籠絡部屬的心，靈活運用剛柔之術。對於將帥來說，讀書就是學習，也是作戰。喜歡讀書的將領，能夠從書本中獲得致勝敵人的智慧，所以，將帥應該多讀一些禮、樂、詩、書之類修養身性的書，倡導仁義在先，智勇在後才對。

　　對敵作戰，也要講就各種不同的方式和方法。譬如：靜以待敵時，要像魚潛在水中，不露蹤跡；進攻敵人時，要像老鷹捕雞，又快又猛。又譬如，退軍時，要像大山移動一樣的沉穩，前進時，要像暴風雨來襲時一樣的猛烈；追擊敵人時，要摧枯拉朽，與敵方交戰時，要像猛虎出山。同時，要分散對方的兵力，挫敗對方的鋒芒；用旌旗顯武揚威，用金鼓統一行動，面對緊迫形勢的時候，要從容以對。

　　敵人貪財，以利誘之；敵人混亂，要乘虛而入；敵人團結，要設法離間；敵人自卑，要使它盲目驕橫；敵人強大，要設法削弱。

　　如果下屬中，有人遭難，就伸手扶他一把，讓他感到安心；如果有人膽小，就鼓舞他的勇氣；如果有人想叛離，就設法讓他留戀自己的故土；如果有人遭了不白之冤，就幫他申訴；如果有人氣勢太猛，就壓抑他；太柔順，就扶助他；對於足智多謀的人，就要親近他、任用他；對於搬弄是非的人，就要揭穿他；對於那些繳獲敵人財物的人，就要獎賞他。

　　如果敵人實力薄弱，就不必強攻，不要以爲自己的兵力強大而小看了敵人。不要以爲自己的才能過人就自以爲了不起，不要以爲自己受上司的器重，就橫行霸道。

　　有了周密的計畫，才行動，有了獲勝的把握，才出戰。

　　以上的種種，都是對敵作戰的方式與方法，將應以之爲誡。

　　籠絡部署的心、讀書、學習、講究作戰的方式與方法、行動前要有周密的計畫⋯⋯等等，雖然是為將者要引以為誡的地方，也是公司或團體主事者應該注意的地方。

兄弟們,敵人在前面,衝!

有備無患,防止成為別人的敗將

衝什麼!後勤單位只寄來農產品,我們的盔甲都沒來⋯⋯

「狡兔有三窟」，動物世界中的各種動物或者小精靈為了因應不測，都知道準備幾手，人類行在江湖更應該懂得有備無患的道理。

　　古語說：「不備不虞，不可以師。」這句話的意思是說任何的戰事如果沒有計畫或準備到毫無憂慮的地步，就不可以出師打仗。

　　諸葛亮說得更好：「國家大事沒有比戰備國防更重要的了。戰備方面，如果稍不謹慎，就可能全軍覆沒。因此，國家如果遇到危難，君臣上下都應該廢寢忘食地想出應付的辦法。如果身處太平，而不考慮可能會發生的危險，敵人打來了還不知道如何著手應對，這就好像是燕子把巢築在帳棚上，魚兒游在熱水鍋裡，很快就要滅亡了。」

　　蜀漢建興七年的夏天，諸葛亮率兵攻下武都、陰平後，司馬懿想這時候的諸葛亮一定正在安撫百姓，不在營中，便打算發點精兵一萬，夜襲蜀兵安紮在祁山上的營寨。

　　哪知這早在諸葛亮的預料之中。於是，諸葛亮在魏軍必經的大路上橫放了數百輛草車以備火攻，在山頂上陳放了大量的山石以備石擊，還在山寨四周埋下了伏兵。

　　夜晚三更時分，當劫寨的魏軍進入埋伏圈後，大路上的草車燃起，阻斷了去路，四下的伏兵盡出，將魏軍圍在核心裡，山上的箭石如雨，讓人無法抵擋。這下可好，魏軍頓時成了甕中之鱉。

　　這就是孔明的「有備無患」。

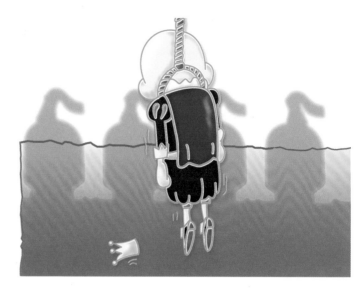

**生活
智慧**

　　軍國大事，關乎國計民生，如果不想要出差錯的話，一定要準備充足。就算是普通百姓的「平凡」小事，要圖成功，做得如意，事先也得下苦功夫，花些力氣準備。如果不勤奮，遇事臨陣磨槍，希望僥倖能夠成功，那麼，結果一定像沒有準備、倉促出戰的軍隊一樣，注定敗北。

抓出害群之馬

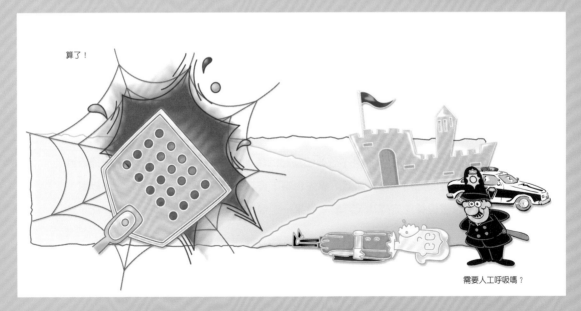

「千里之堤，潰於蟻穴」，一個國家要繁榮，一個民族要強盛，一個人的事業要有所發展，就應該鋤奸除惡，消滅可能有的蛀蟲，使私不亂公，邪不干政。

因為我們可以從歷史中看到很多「千里之堤，潰於蟻穴」的例子。

漢代，「十常侍」朋比為奸，專橫跋扈，使得當朝皇帝神昏志潰，不理朝政，終致天下大亂，使王朝在很短的時間內就土崩瓦解。

宋代，奸臣秦檜專權，賣國求榮，欺壓忠良，終於使得宋朝大好的河山落入異族的手中。

明代，嚴嵩父子狼狽為奸，操縱國事，侵吞軍餉，荒廢邊防，妄殺異己，鬧得朝野上下烏煙瘴氣，國無寧日，民無安時。

從上面的例子，我們可以知道清除敗類是非常重要的事情，但是什麼樣的事情可以被認定為敗類所為呢？諸葛亮認為有下列五種：

◎假公濟私，以權謀私

左手拿戈矛，右手撈錢財，在內侵占公物，在外搜括民財。

◎拿官職作交易，謀求私利

對於賞賜的費用，多加裁減，使部下不能盡心盡力。

◎長官放縱犯罪的部下，誣陷上訴申告的百姓

隱藏真情，敲詐勒索，軟硬兼施，害死人命，致使冤情得不到昭雪。

◎執法者執法不能一視同仁

讓無罪的人蒙受不白之冤，使重罪的人逃脫法網。扶強懲弱，嚴刑逼供，不斷製造冤假錯案。

◎長官不斷更換，副官掌握大權

徇私舞弊，袒護包庇親朋，壓制誣害異己，行事專橫無禮，逾規越法，徵收賦稅時廣泛攤派，從中漁利，攀附權貴，勞民傷財，謊說儲備而鯨吞之。

生活
智慧

人身上的重疾，大都是從病毒的肆虐開始，而一個王朝的腐敗和滅亡，也大都是從奸黨佞臣的弄權和干政開始，所以，諸葛亮認為如果在官員身上發生上述「五事」中的任何一事，皆當嚴懲不貸。他說，千里之堤，潰於蟻穴。國家要繁榮，民族要強盛，事業要發展，就要設法從領導集團中消滅蛀蟲，清除敗類，使私不亂公，邪不干政。

國王在苦思勞軍的節目……

找我們就成了！笨！

商場上的計謀

跟我們搶生意！

國王決定自己來！

諸葛亮在《便宜‧治軍》中說：「軍以奇計爲謀」，所謂奇計者，疾如風雨，如江海，不動如泰山，難測如陰陽，神神秘秘，虛虛實實，眞眞假假，出敵不意，攻其不備，從而出奇制勝。而施計用謀，要能使敵有深澗不能窺實，敵有大智而不能窮其理，這才是奇計奇謀。

在中國的戰爭史上，克敵制勝的招數很多，諸如：空城計、美人計、苦肉計、調虎離山計……等等，只要這些招數用得妙，就是奇計奇謀了。

讓我們來看一場絕妙的疑兵之計吧！

三國時期，諸葛亮受後主劉禪之命，要從祁山這個地方班師回成都。但是，司馬懿卻在後窮追不捨，想置蜀軍於死地而後快。爲了擺脫司馬懿的「糾纏」，諸葛亮便想了一個法子，叫做「增灶法」來卻兵。什麼叫做「增灶法」呢？就是不斷地增添軍中燒飯的爐灶，讓司馬懿以爲蜀軍的人數越來越多，從而嚇退司馬懿。後來，果不其然，司馬懿看見蜀軍的爐灶不斷地增加害怕起來，說：「吳料孔明多謀，今果添兵增灶，吾若追之，必中其計，不如且退，再作良圖。」結果，諸葛大軍便順利地撤回了成都。

讓我們再來看看苦肉計吧！

赤壁大戰的時候，周瑜責打吳將黃蓋，讓黃蓋受盡了皮肉之苦，藉此騙取了曹操對黃蓋的信任，最後又讓黃蓋假意降曹，以便接近曹軍好施行火攻之法，終於大敗曹軍。這就是有名的「周瑜打黃蓋，一個願打，一個願挨」。而這個計謀，就是標準的「苦肉計」。

各種各樣的奇計妙策，貴在變化多端，神秘莫測。這樣的奇計要能讓對方如墜五裡霧中，莫辨方向。孫武又把它叫做「詭道」。也就是用詐作爲根本，但這個「詐」不是簡單的欺騙，而是要能摸透對方的心理。

高明的軍事將領不但能夠在對敵作戰中主動的施行奇計，而且能夠在敵人使用某種

詭道時，及時看破對方的鬼把戲，將計就計，以其人之道還治其人。這就是奇計中的奇計了。

讓我們來看看諸葛亮的將計就計吧！

諸葛亮在出兵祁山之前，曾經與安定太守崔諒戰於天水郡，後來，崔諒投降了。

對於這個敗兵之將，諸葛亮以上賓相待，並希望他能立功自贖。於是，試探性地向他提出幫助捉拿固守南安城的夏侯懋，同時吩咐他說：

「今有足下原降兵百餘人，於內暗藏蜀將扮作安定軍馬，帶入城去，先伏於夏侯懋府下，卻暗約南安太守楊陵，待半夜時，打開城門，裡應外合。」

哪知崔諒賊心不死，不思改過，卻跑到楊陵、夏侯懋那裡去出主意說：「只要推開城門，讓蜀兵及孔明進來，就把他在城中殺了。」

但是，崔諒的詭計沒有瞞過眼明心亮的諸葛亮。所以，諸葛亮來了一個將計就計。

時值黃昏，諸葛亮就向大將關興、張苞密授計謀，並讓他們領兵混雜在安定軍中，隨崔諒來到南安城下，等到楊陵在城門迎接的時候，關興就手起刀落，斬楊陵於馬夏。接著，張苞手起一槍，刺倒崔諒，然後四面蜀兵齊入城中，殺得夏侯懋措手不及。

崔諒行使詭計，諸葛亮再來個將計就計，兩軍角逐的戰場上就是這樣，少不了奇謀妙計。

在兩軍角逐的戰場上，有時候不得不用奇謀妙計，在日常生活中很多不見硝煙的「戰場」上，有時候也不得不用一些奇謀妙計。比如說，你是做生意的人，在商場上競爭，有時候需要經濟談判時，你就會用得著軍事上所用的緩兵之計、疑兵之計⋯⋯等等的計謀來求得談判的主動權，或者故意東拉西扯，答非所問，或故意透露有關的資料，引對方入歧途等等。這些妙計，不涉道德良心的問題，端看你怎麼來用它。

生活
智慧

執法寬嚴要得宜

當年，諸葛亮與蜀中的代表人物法正，在益州有過一場關於執法寬嚴問題的爭論。

法正認爲秦朝嚴刑酷法導致「天下土崩」，漢高祖劉邦寬大爲懷，取得了成功，因此主張對益州的豪強地主「緩刑弛禁」，寬容待之。

諸葛亮認爲執法寬嚴不可援依舊例，應該依據當時那個地方的具體情況而定。所以，他特別寫了封〈答法正書〉，指出法正「知其一，未知其二」的片面看法。諸葛亮認爲益州那個地方不具備「緩刑弛禁」的條件和氣候，他主張「威之以法」，「限之以爵」。

如今，當我們走進成都的武侯祠，可以看見諸葛亮殿正門上懸掛著一幅非常醒目的對聯：

能攻心則反側自消，從古知兵非好戰；
不審勢即寬嚴皆誤，後來治蜀要深思。

不管是歷史證明也好，對聯作者的言下之意也罷，我們都可以看得出來，執法施政要能審時度勢，寬嚴得宜。諸葛亮的分析和作法是無比正確的。

如何才能寬嚴得宜呢？或者說，在執法的時候，到底要如何決定寬鬆一點或者嚴苛一點呢？

好和不好當然沒有一個準則，一切都得看當時當地的情況才能決定。當時當地的情勢亂得不可收拾，執法者審時度勢非要及時施以嚴厲之法，這個時候，嚴苛一點就沒有什麼不好，相反的，如果當時當地的部下都能安分守己，老老實實的，或者已經實施的嚴刑峻法讓人們苦不堪言，這個時候，執法寬鬆一點就比較好了。

總而言之，執法寬嚴要因時因地因勢而定。但是不管是寬，還是嚴，一定要有利於國家或團體的生存和發展，以及秩序的安定和經濟的繁榮。

諸
葛
亮
，
你
在
說
什
麼
？

生活
智慧

執法施政要能審時度勢，寬嚴得宜。最最重要的是，無論是寬，還是嚴，一定要依法遵
法，嚴不失度，寬不姑息養奸。

打119！

畫圖先生，交給你了……

斬斷人性的七種「惡之果」

你太沒人性了……

國有國法，軍有軍紀，家有家規。犯法者必究，違紀者必斬，越規者必罰。如此，國家才有安寧日，軍隊才有戰鬥力，家庭才有和樂時。

諸葛亮認為：「軍隊中，如有下列七種違紀的行為，不可以心慈手軟，當依法處斬：

◎輕

聽見號令半天不動，不能按照集合的時間準時到達；鎧甲準備不全，兵器準備不足。

◎慢

聽到金鼓之聲無動於衷，對發號的旗幟視而不見，對於所接受的命令不能及時傳達，傳達時不認真負責。

◎盜

非法占有他人或團體的財物，借貸的東西拒不償還，伙食不能按質按量供給，指揮作戰浪費兵力，謊報戰功以領賞。

◎欺

金鼓不齊全，兵刃沒磨利，箭頭不著羽，旌旗被破壞，變改姓名，著裝不整齊。

◎背

聽見鼓聲而不前進，聽見鑼

響而不後退，看見旌旗伏下而不臥倒，左藏右躲，膽怯畏戰。

◎亂

調兵遣將時，兵士們爭先恐後，吵吵鬧鬧，車馬相撞，道路堵塞，使後面的人前進不得；亂喊亂叫，大聲喧嘩，不聽號令，使部隊行列混亂。

◎誤

隨隨便便，強行進入別的部隊，搗亂礙事；出現違法事件，知情不報；造謠惑眾，擾亂軍心。

諸葛亮的七種斬斷之法也真夠厲害的，這也是為什麼他能率領軍隊作戰，法紀嚴明，屢戰屢勝的原因。

生活
智慧

輕、慢、盜、欺、背、亂、誤，七種亂軍的行為，也是人性的七種「惡之果」。這「惡之果」不只結在行伍之中，在其他的地方，其他的人身上，同樣可以見到。

所以，要使一個團體，一個企業有工作效率，有經濟效益。其領導者一定要依照法紀毫不留情地剷除部屬中人性的「惡之果」，使輕、慢、盜、欺、背、誤、亂等等的行為不再發生。相反的，領導者軟弱無力，該罰的不罰，該斬的不斬，就會使不好的歪風上升，惡事橫行。這樣的話，不僅領導者的威信受損，對於所屬團體也有害。

國王又在苦思如何讓國家走上正軌……

撥亂反正、走入正途

喂！不要太機車，把我畫聰明點不行嗎？

一個國家就像一輛大馬車，一國的君主就像是駕車的車夫，如果駕車稍有不愼，馬車就會偏離正道，甚至可能會有顛覆翻倒的危險。如果碰到這樣的危險，如何將車趕上正道呢？諸葛亮曾提出了「撥亂反正」的幾個方針：

◎穩住軍隊

軍隊如果發生變亂，天下就會起紛爭，這時就會有各拉各的人馬、各打各的旗幟、各占各的地盤的情形發生。強者爭雄的結果，天下就會四分五裂，大魚吃小魚，小魚吃蝦米的爭鬥就會不停的上演。所以國家有亂時，作爲君主的，千萬要握緊軍權，不能讓軍隊各敲各的鼓，各吹各的號。

◎沒有規矩，不成方圓。

當權者如果將此原則牢牢記住，則萬事可成，其功可保。

◎整頓、治理要循序漸進

明君爲政，首當綱紀，而後治理內部，再整頓外部，這樣，治理好綱紀，就能使刑罰得以實行，遠處的事迎刃而解。先治理自身，再整理別人，這樣治理好了自身，就能使別人恭敬。先治理大的、強的，再整理小的、弱的，就能使小的得以發展，弱的順服；先治理根本，再整理末節，就能使末節之事通達無偏。

◎應合併職務、減少官員

讓臃腫的政府機關減肥，進而除去浮華之氣，倡導質樸之風。

◎社會關係要理順，社會秩序要整頓

王朝因腐敗而出現禍亂時，天下的百姓就會有人渾水摸魚，違法亂紀，此時，首要之務，就要使天下的百姓各安其位，各守其份，安居樂業。

生活
智慧

我們判斷一個國家是否走入正軌，可以從上述的幾個方針去看，就知道一個國家，不論是政府機關、軍隊、為政者、社會秩序與倫理，是否已經撥亂反正了。

充分準備，以應不測

諸葛亮曾說：「螫蟲之所以能刺人，是依仗著它身上的毒液；戰士之所以能夠英勇奮戰，是憑藉著他身上所裝備的精良武器。武器鋒利，鎧甲堅固，糧草充足，士兵就可獲得殺敵的勇氣，鎧甲不堅，弓箭不好，糧草不足，將帥再怎麼有謀略，士兵再怎麼勇敢，作戰也很難勝利。」

所以，英明的軍事家為了戰爭的勝利，無一不注重戰前的物質準備：貯存糧草，存蓄用水，囤積軍火……等等。

諸葛亮六出祁山時，每次都要讓負責軍火輜重的將士打前陣，甚至還要創製木牛流馬之類的新式機械來快又多地運送軍餉。在第六次兵出祁山之前，還曾在成都進行了有三年之久的準備工作：積草屯糧，講陣論武，整治軍器，一直到建興十二年春，諸葛亮才又一次的提出伐魏之事：「臣今存恤軍士，已經三年。糧草豐足，軍器完備，人馬雄壯，可以伐魏。」

國不可一日無軍，軍不可一日無食，食不可一日無

水。漢代大將霍去病在西北地區率兵作戰，每次安營紮寨，第一件事情就是命令將士們四處尋找水源。

孫武說：「軍無輜則亡，無糧食則亡，無委積則亡。」這確爲至論。

生活
智慧

在澳大利亞曾發生過這樣一件趣事。人們讓駱駝與駿馬賽跑，賽程有一百多公里。過程中不吃不喝，看誰勝利，結果馬死了，駱駝贏了。爲什麼呢？馬不能耐飢渴，而駱駝有了背上兩個高高的駝峰儲備脂肪和水分，能夠戰勝飢渴。所以，我們做任何事情，都應當像駱駝一樣，要有充裕的儲備，以應不測。

對公主展開情書攻勢……

運用地利之便，搶得成功

哇！……果然是得地利者勝！

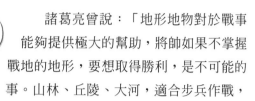

諸葛亮曾說：「地形地物對於戰事能夠提供極大的幫助，將帥如果不掌握戰地的地形，要想取得勝利，是不可能的事。山林、丘陵、大河，適合步兵作戰，步兵應該巧妙地加以利用；土嶺小山，雜草叢生的地方適合騎兵作戰，騎兵應當因地制宜地加以運用。依山靠水，茂林深谷，是適宜弓箭作戰的有利地形；草淺地平，可退可進，是長戟作戰的好場所；蘆葦參差不齊，竹樹縱橫交錯，是利於大槍長矛作戰的地形。」

諸葛亮在部署戰略戰術時，常是根據「地」的情況來決定用兵作戰的計謀。他著名的《隆中對》，就是依據「荊州北據漢、沔、利盡南海。東連吳會，西通巴、蜀，此用武之國……益州險塞，沃野千里，天府之土」的地理情況，向劉備提出了與吳、魏逐鹿中原、最後立業興國的戰略方針。

世界上最早的軍事著作《孫子兵法》十三篇之中，就有六、七篇論及地形，作者孫武在論述致勝條件時，曾明確地把「地」看作是致勝的「五事」之一。「得地利者勝」，已是被無數戰例印證了的兵法原則。在漢代，韓信在破趙之戰中，背水列陣，大敗敵軍，是利用了水地的天塹優勢，在清代，石達開聯船鎖江，阻擊湘軍，是發揮了江河的屏障作用。

「得地利者勝」，這個「得」字就是作戰時，不只是要知道或擁有地形的便利，更重要的是要運用它、控制它。

諸葛亮就是一位既能知地形之利，又能用地形之利的將領。

建興八年秋，諸葛亮在陳倉大敗魏軍後，便分兵徑出斜谷而取祁山。

對此，很多將領不甚理解：「取長安之地，別有路途；丞相只取祁山，何也？」

諸葛亮分析道：「祁山乃長安之首也：隴西諸郡，倘有兵來，必經由此地；更兼前臨渭濱，後靠斜谷，左出右入，可以伏兵，乃用武之地。吾故欲先取此，得地利也。」

不僅如此，諸葛亮又令魏延、杜瓊等出箕谷；令馬岱、王平等出斜谷，最後會師於祁山。然後又令各將領利用祁山左右山高路險的地理優勢埋下伏兵。

結果，諸葛大軍因先占了有利地形，當司馬懿率兵經過此地時，被蜀軍打了個落花流水，又因此處左右是山，無路可逃，魏軍死傷無數。後來，司馬懿很感慨地說：「諸葛亮奪了祁山的有利地勢，吾等不可久居此處。」

所以，用兵作戰，須巧藉地勢之助，方有可能成功獲勝。

諸葛亮，你在說什麼？

生活智慧

近水樓台先得月，向陽樹木早逢春。生活中的很多事實告訴我們，地理環境的優勢往往可以給我們事業的成功提供優越的條件，我們只要掌握、運用地勢之利，處世或行事就可以如虎添翼，也比較容易獲致成功。

父親生病！千萬不要讓敵國知道……

先小人後君子

國王生病，千萬、千萬不要說出去！

諸葛亮曾說：「善於作戰的將帥，一定要先探清楚敵軍的情況，然後再謀劃進攻的步驟。當敵軍暴露出下面的種種弱點時，譬如：士兵失去銳氣，糧食供給不順暢，百姓怨聲載道，武器裝備不齊全，軍隊紀律鬆散、獎懲不均、孤立無援時，就可趁機發起進攻。如果敵人任用賢良，糧食充足，人民安定和睦，武器堅固銳利，並有強國援助時，就應該設法避開與他們交手。」

建興八年，諸葛亮和魏將曹真大戰於祁山，並占了祁山的有利地勢。

諸葛亮準備乘勝追擊，徹底收拾曹真。在出兵之前，諸葛亮特地派了負責敵情偵察的細作，去打探曹營的虛實和動靜。

不久，細作便回來報告說，曹真臥病不起，正在治療。

諸葛亮得到這個重要的軍事情報，喜不自勝，覺得可以乘虛而入，便心生一計，寫了一封嘻笑怒罵、極富刺激的信託降兵捎了去。曹真讀信，憤恨難消，再加上身染重病，立刻就嗚呼哀哉了。

一個小小的軍事信息，使得諸葛亮奇計忽生，用了一紙黑字就讓曹真見了閻王。這就是「先探敵情而後圖之」的妙用。

從人類有戰爭以來，軍事家都十分重視戰前的偵察，想盡辦法搜集敵軍有關的軍事情報。在古時，科技不發達，人們只有透過直接、實地的考察，以及間諜活動等來打探敵情。在現代，敵我雙方的打探就不同了，人們可以借助現代的科技，進行戰前的偵察，以獲取相關的情報。

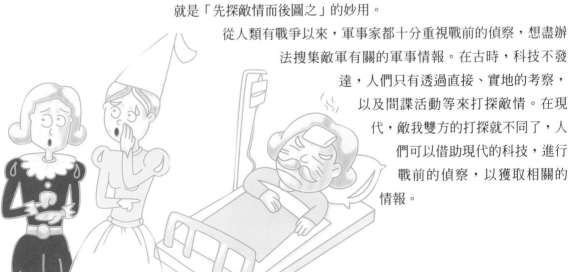

據說，美伊海灣戰爭爆發之前，以美軍為首的聯軍調動了大量的先進儀器、設備用於情報偵察戰，光是偵察衛星就動用了三十多顆，因此，聯軍對伊拉克整個地面的軍事設施掌握的非常清楚，以致於空戰只花了短短幾天的時間就把伊拉克的軍事設施摧毀了半數以上。

誰都不願拿雞蛋與石頭硬碰，因此要與對手交鋒，就要熟悉對手的情況，而在交鋒之前做必要的偵察與試探。例如，律師在訴訟活動中，要以不變應萬變，擊敗對手，就得在開庭前的整個調查過程中探測到對手已掌握到哪些證據材料，又例如，打算和別人合夥做生意，要想合作得愉快，自己又不致於吃虧上當，就要在合夥前從側面先行打聽，了解人家的來歷和品行。

難的出來旅遊，我替你拍張照。

見山是山、見水是水

後退點，再後退……

諸葛亮一生很少上當受騙，往往得助於這種透過現象看本質的能耐。

司馬懿與諸葛亮戰於北原渭橋時，企圖用詐降的花招討諸葛亮的便宜，於是派遣魏將鄭文領兵，假意投降蜀軍，以作內應。

諸葛亮很小心謹慎，不敢輕信。於是派鄭文與魏將秦朗交戰，看他反應。哪知道諸葛亮的眼睛雪亮，從鄭文與魏將的交戰中，就看出了鄭文的馬腳，立即斷定、也查清楚了那個與鄭文交手的人不是秦朗，而是司馬懿派來送死以取信蜀軍的另一個秦朗。識破了詐降的詭計，諸葛亮顯得像沒事人兒一樣，很是沉穩，沒有馬上殺了鄭文，而是將計就計，逼著鄭文寫一封信給司馬懿，終於引司馬大軍中了埋伏，司馬懿不但丟了大將，又折了兵。

事後，蜀將樊建問諸葛亮道：「丞相何以知此人詐降？」

諸葛亮說：「司馬懿不會輕易讓他的得力愛將秦朗來送死。司馬懿如果真的派秦朗為前將軍來與降將鄭文交戰，那這秦朗必定武功高強，但是鄭文交馬只一回合，就殺了對方，可見這被殺的人一定不是秦朗。所以，我就判定鄭文投降是假的。」

諸葛亮能不為鄭文投降的假象所迷惑，是因為他的頭腦清醒，善於觀察分析，能夠從交手的蛛絲馬跡中看出鄭文詐降的本質。這種見微知著的本事，讓一切假的事物，不論偽裝得多麼巧妙，都難逃法眼。

三國時期，一度曹爽專橫成了魏國的實權人物。可是，他有一個潛在的對手，就是司馬懿。司馬懿就像一隻睜著貪婪雙眼、埋伏於隱密處的老狼，時刻準備伺機而動。為了麻痺對手，司馬懿一直稱病不朝。曹爽當然也覺得其中有鬼，便派心腹李勝到司馬的府中一探虛實。哪知狡猾的司馬懿一會兒裝耳聾，把「荊州」聽成是「并州」，一會兒裝生病，倒在床上，聲嘶氣喘。那李勝眼淺，看不出司馬懿在演戲，還真以為他老病交加，所以斷定他沒有心思和精力鬧政變。等李勝回去，把所見所聞都告訴了曹爽後，那

曹爽也以為司馬懿老病是眞，就不把它當成一回事。正當曹爽失去警覺，自以為高枕無憂的時候，司馬懿突然發起兵變，結果瓦解了整個曹爽家族。

如果眼不亮，心不明，就只會看到事物的皮毛，而不能窺測到事物的內裡，甚至於會被事物的表面現象所迷惑，以致於吃虧上當，誤入迷途。

生活
智慧

人心不可測，有的人看起來好像古道熱腸，其實一肚子的壞水，人，很有可能是表裡不一的，所以聰明的人處世要有明亮的眼睛，清醒的頭腦，不為假象所迷惑，對於外在事物應由表到裡，由遠而近，透過現象來看本質，這樣，才能區別善惡，分辨真假。

前方在作戰，為何國王他還在……

英雄要過美人關

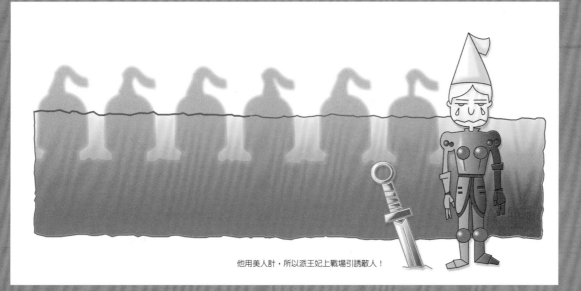

他用美人計，所以派王妃上戰場引誘敵人！

中國古代聖賢說得好，食、色，人之大慾也。因此，男人對女色的慾求，就好像人餓了要吃飯，口渴了要喝水一樣的平常。這是一種本能的需要，無可厚非。

但是，英雄愛美人，要愛得有分寸，愛得有藝術。如果愛女人，愛得出了格，愛得越了軌，往往就會惹出麻煩，最後還會鬧出悲劇。小的話，讓自己陷入俗麗的柔情中不能自拔，亂了心，也影響了事業；大的話，不但賠上自己的身家性命，也誤了國家的前途。

商朝的紂王，可以說是一個功蓋一世的大英雄，有武功，有謀略，又有魄力，憑著一身本事，打下了天下，當上了帝王。可惜，他在女人的問題上過不了關。他一味地寵幸心狠手辣的妲己，坑忠臣，害百姓，最後落得丟了江山。

周朝的幽王，也算得上是一個鐵腕人物，人中的豪傑，只因沉淪女色，把國家的軍機大事當成遊戲，用以博取王妃褒姒的一笑，最後也使得自己喪失了天下，且給後人留下了一個「為紅顏失江山」的笑柄。

英雄要過美人關有它的道理。英雄不同於尋常百姓，在軍隊裡是將是帥，在朝廷上是官是臣。以他們的名聲和地位，自然少不了敵人和仇家。如果敵人或仇家想要用「美人計」作為武器來打垮英雄的時候，這時候的英雄就一定要能過美人關，才不會吃敗仗、栽跟斗。春秋戰國時的吳王夫差，如果對女人有那麼一點點的功力，對越王句踐送上門來的美女西施嗤之以

鼻，置之不理，想必最後也不會落得國破家亡，自刎的悲慘下場。

　　相較於前述的「英雄難過美人關」，諸葛亮就十分的有智慧，諸葛亮不為漂亮的女人所迷惑，他不淫不亂，只娶了一個黃髮黑膚但很有才情的沔陽醜女作夫人，這位夫人不但沒有給他惹麻煩，而且因出眾的智慧和才學，成了諸葛亮的賢內助。

　　愛美是人的天性。男人愛漂亮、美麗的女人，自然也是出於天性。但是，英雄愛美人要愛得藝術。不可荒於酒色，不能整天在女人身上打轉，而讓無辜的女人變成了「禍水」。英雄愛美，更要愛得有分寸，不要讓無辜的女人成為別人打擊或毀滅你的工具，所以，英雄可以愛美，但要過得了「美人」這一關。

生活智慧

機不可失，時不再來，把握最重要

從前有一位賣鞋子的生意人，每年到換季的時候，他都會準備一批鞋子到某國去兜售。他的鞋子好，價格低，薄利多銷，因此發了財。

有一年的春夏之交，某國和別的國家打了一場惡仗，國內死傷無數，在戰爭中倖存下來的人又大多被砍了雙腳。那賣鞋的人一如往常地把鞋子賣到這國去，不僅沒賺到錢，還虧了血本，因為很多人失了雙腳，穿鞋也就變成多餘的事了。

那賣鞋的人做生意發過大財，是因為能抓住季節更替的有利時機，後來虧了本，是因為他根本不能察情見勢。

諸葛亮曾就打仗一事說過：「作戰獲勝要靠智慧。但是，戰爭雙方如果碰到棋逢對手，將遇良才時，若要取勝就要靠捕捉戰機。善於捕捉戰機的人首先要對二件東西心裡要有底：一是事，即某種有利於己而不利於敵的事件；二是情、勢，即出現某種有利於己而不利於敵的情況變化。事、情、勢有利於我時，應當機立斷，善加利用。這樣，才會無往而不勝。」

建興五年，諸葛亮觀察事、情、勢，拉開了北伐曹魏的序幕。

◎事

建興五年，魏國曹丕死，次年曹睿立。新主登基，自是有虛可趁，這是「事」。

◎情

蜀、吳兩家重新握手言歡，建立了友好關係，蜀可免腹背受敵之憂，所以有了全力以赴的機會，這是「情」。

◎勢

蜀漢幾經整頓治理，發展生產，以致於「國以富饒」、「治戎講武」，馬壯兵強，而且又平定了南方，故有因勢而作之機。這是「勢」。

諸葛亮審察上面的因素，抓住機會，奮然而起，在北伐戰爭中打了很多漂亮的仗，也取得了不少局部性的勝利。

生活智慧

人生在世，有很多的事情要做，不可否認的，也有很多很多的機遇在你的面前。機遇常有，然而如果你沒有一點識察事、勢、情的本事，機遇在你的面前也就如同路人，機遇終會與你擦肩而過，你還在渾然不覺中。

人生在世，光有識察機遇的本事也不行，還得要有把握機遇、利用機遇的能力，否則，即使發現了機遇，它也會從你手中輕飄飄地溜掉，到那個時候，你也只有望「機」興嘆的份兒了。

確定要我來訓練牠……

見鬼說鬼話，見人說人話

原來要訓練他的膽量，我想算了……

與人打交道，有時候不得不見人說人話，見鬼說鬼話。節操可為百代之宗的諸葛先生，品行高尚得可以，但他也主張人應有對付人的兩手，特別是對付敵人。

諸葛亮曾說：「作將領的，有的人勇敢不怕死，有的人性情急躁，做事求快，有的人貪婪，喜歡占人便宜，有的人仁慈而沒有威信，有的人機智但沒有膽量，有的人富於謀略卻辦事推托。」

「因此，在交戰中，如果遇到勇敢不怕死的，就要想辦法使他暴怒，讓他失去理智；如果遇到性情急躁的，就不妨用持久戰來拖累他；如果遇到貪心好利的，就可用錢財來引誘他上鉤；如果遇到仁慈手軟的，就可生出一些事情出來，找他麻煩；如果遇到有機智但很膽小的，就可多方圍逼，使他畏懼；如果遇到善謀而寡斷的，就可突然襲擊，使他無力還手。」

諸葛亮對付人的錦囊妙法無非是以靈活善變為其靈魂，以攻其弱點為手段。

當年，劉備率軍與馬超戰於葭萌關時，因馬超驍勇善戰，劉備即使派了像張飛這樣的大將與之交手，也難一時取勝。

不久，諸葛亮從綿竹趕來，對劉備說：「亮聞馬超世之虎將，若與張飛死戰，必有一傷；故令子龍、漢升守住綿竹，我星夜來此，可用條小計，令馬超歸降主公。」

劉備說：「我見馬超英勇，甚愛之，如何可得？」

諸葛亮獻計道：「亮聞東川張魯，欲自立為『漢寧王』。手下謀士楊松，極貪賄賂。主公可差人從小路徑投漢中，先用金銀結好楊松，後進書與張魯云：『吾與劉璋爭西川，是與你報仇。不可聽信離間之語。』事定之後，保你為『漢寧王』。令其撤回馬超兵。待其來撤時，便可用計招降矣。」

後來，劉備先派孫乾帶了金銀珠寶去賄賂楊松，楊松果然大喜，便引孫乾見了張魯，一番遊說，張魯收回了馬超兵，終於使馬超在進退兩難之際，歸順了蜀漢。

劉備兵不血刃，就讓敵將馬超歸順了自己，可以說是靠了楊松、張魯的「外圍戰」才取得成功的，而楊松、張魯能為劉備所用，則應歸功於諸葛亮「見人說人話，見鬼說鬼話」的法子用得好。

曹操的得力悍將曹洪是個「火砲筒子」，性情暴躁，勇而無謀，馬超領兵與之戰於潼關時，見曹洪守關不出，便對其「症」下其「藥」，把曹操祖宗三代都罵個腳朝天。曹洪終於耐不住性子，出關應戰，結果被馬超殺得落花流水。

生活智慧

中國歷史上，一些著名的政治家、軍事家，往往是「見人說人話，見鬼說鬼話」的老手，他們也常常因為如此而獲致成功。

見人說人話，見鬼說鬼話，要看人施法，用這個方法時要現了解對方的性情、深淺，了解對方的特點或弱點，就像醫生替人治病一樣，要先掌握患者的病情，也像馴獸師一樣，馴獸時要先了解獸類的習性。

人在世上活著，往往扮演著多重的角色，或領導、或部屬、或同事、或同學、或戰友……你不論是以哪種或哪幾種角色與你周圍的人相處，都要根據自己的身分，根據對方的特點，用相應的法子應對他們。

國王終於贏得西洋棋冠軍，難怪他這麼開心⋯⋯

勝不驕、敗不餒

但如果已經笑了十天，那會不會辛苦了點⋯⋯

章武三年對於蜀國來說，是災難深重的一年。

蜀漢集團的樑柱——劉備，在這一年倒下了，死於永安宮。

劉備一死，魏國君臣上下便想乘虛而入，混水摸魚。魏主以司馬懿掛帥，兵分五路，直取四川。

這種形勢真夠嚴峻的了。大兵壓境，弄不好蜀漢的江山就馬上改姓。就在這個時候，後主劉禪驚魂不定，朝中百官惶惶，皇太后也恐慌不已的時候，眾人把「寶」押在諸葛亮的身上。這時的諸葛亮如果沉不住氣，也顯出一副六神無主的樣子，說不定蜀漢朝野馬上就要不攻自破。然而，諸葛亮在困境面前仍是一種處變不驚的大將風度。

當後主親赴府上詢問退兵之策時，諸葛亮是泰然自若地「大笑」，還若無其事地邀後主斟飲數杯，然後胸有成竹地陳說退兵之計。諸葛亮臨難不慌的氣度，敵軍犯境時穩授良策的舉動，使蜀漢上下君臣像吃了一顆「定心丸」，此時的後主是又驚又喜，眾官也面露喜色。內部穩住了陣腳後，蜀軍最後獲取了抵禦敵人五路大兵的勝利。

可見，成就大事的人應當成不驕，敗不餒；順不喜，困不懼。順境也好，逆境也罷，總是沉心靜氣，理智處事。

有一年，晉時前秦之王苻堅親率七十萬大軍，以其銳不可擋之勢向東晉發起進攻。大軍壓境，鬧得東晉京城健康的朝野人士惶惶不可終日，只有宰相謝安顯得像沒事一樣，十分鎮靜。他派自己的外姪謝玄率軍抵禦。

謝玄率兵開赴前線之前，拜訪叔叔謝安。去了兩次，謝安都顯得異乎尋常的平靜。第一次，謝安只說了一句「這事我已想過」，就沉默不語了，第二次，謝安居然和朋友們在別墅裡悠閒自在地開宴會，見謝玄來到，還硬生生地拉謝玄下圍棋。

身為一個宰相，如此淡然，如此平靜，並不是因為心中已有了克敵制勝的良策，而是他因為覺得作為核心人物的宰相不能不淡然，不能不平靜。宰相如果表現得有如驚弓之鳥，將會使得軍心更加動搖。

也許是謝安沉著平靜的態度感染了謝玄，謝玄在前方戰場上顯得鎮靜自如，結果大敗前秦之軍。

當大戰告捷的喜訊傳道謝安那裡時，謝安正在和客人下棋，他將前方的捷報只瞟了一眼，仍就不露聲色地下棋，毫無欣喜若狂的神態，只是在送客人跨越門檻時，不知不覺地將鞋履上的齒子絆倒折斷了，此時的他，內心一定是歡欣鼓舞的，只是這種情緒深藏不露而已。

諸葛亮，你在說什麼？

生活智慧

人的一生，不可能一帆風順。諸葛亮認為不論是順境還是逆境，人都要沉著冷靜、控制情緒、不為情勢而失理智。

人生在世，春風得意的時候不張狂，身處危難的時候不驚懼，做任何事情都不愁不成功。

如果你是一個生意人，運氣好，發大財，你不要因此而高枕無憂，擺出一副財大氣粗的模樣，你應該時刻感到商場如戰場，稍微懈怠疏忽，就會前功盡棄，慘敗收場。

如果你是一個要考大學的高中生，運氣好，闖關順利，你不要飄飄然，覺得錦繡前途就在你手裡，要知道人生的路還很漫長，進了大學學府也只不過是萬里長征的第一步。如果你闖關失利，也不必感到萬念俱灰，要知道條條江河通大海，人生的路不只這一條。

我一生剛直不阿，幹嘛能屈能伸？

大丈夫能屈能伸

你確定？

諸葛亮，你在說什麼？

諸葛亮曾說：「大丈夫困窮難堪的時候要忍得辱、負得重，屈居人下而不墜青雲之志，得志獲勢時，不顛狂，不忘形，抓住時機施展自己的才華。」

話說漢朝的韓信，在當年連一口飯都很難混到的時候，他被淮陰街上的一個少年屠夫侮辱，逼他鑽褲襠。憑他的本事，一劍就可以刺死這個無賴。但在衣食無著，事業無成的境況下，他忍了「屈」，當著滿街人的面前，從那少年的胯下鑽了過去。韓信如果不能忍受胯下之辱，而是爭一時之氣，圖一時的痛快，將那惡少送去見閻王，想必這位有著非凡將才的英雄早就會受到法律的制裁，為那淺薄無聊的少年償命，中國歷史上就沒有了他那光輝燦爛的一頁。

越王句踐於公元前四九四年的時候，與吳國在今天的太胡椒山打了一場敗仗，越軍慘敗，句踐只好帶領五千多殘兵敗將逃到會稽山，最後又被吳王夫差率兵圍了個水泄不通。此時句踐的處境也真夠慘的了。

然而滑入谷底的句踐還是忍受了兵敗求和的奇恥大辱，他不惜屈居夫差門下，精心侍奉他。夫差坐車外出，句踐為他牽馬；夫差病了，句踐為他端尿送飯；夫差的太醫要透過糞便確診病情，句踐連忙口嚐夫差拉下的糞便。句踐可以說是忍氣吞聲，「忍」到家了！但就在委屈服侍夫差的時候，句踐仍不減雄心，念念不忘復仇，暗地裡在國中整飭內務，選賢納士，發展生產，繁衍人口，訓練軍隊，同時，對夫差使用「美人計」。

經過二十年的委曲求全，二十年的精心準備後，句踐終於重展雄風，率領雄兵數萬，一舉擊敗了吳國，令夫差掩面自殺。

生活
智慧

　　人在屋簷下，哪個不低頭？時機不好時，低下頭，委屈一下，是十分必要的。暫時的忍耐，暫時的屈服，往往可以成就更大的事業。對於這種人來說，「屈」中可以求得更大的「伸」，退讓中可謀得更大的進取。這就像跳遠一樣，退幾步助跑，可以讓自己跳得更遠。所以，安身立命於世，成家立業於社會，應學會忍耐克制，以屈求伸的藝術，做一個能屈能伸的大丈夫。

國王真是會放長線釣大魚……

放長線釣大魚

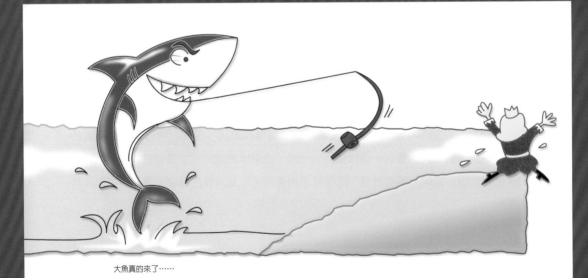

大魚真的來了……

蜀漢建興七年，孫權在武昌坐上了皇帝的位置。

這一下，在蜀漢攪起了軒然大波，朝廷內部有人認為孫權不把蜀漢的正統地位放在眼裡，竟敢自己做起皇帝，因而覺得交之無益，而有與東吳一刀兩斷的提議。這時，後主劉禪派人把朝中爭議的事告訴了在漢中的諸葛亮，希望聽聽諸葛亮的看法。

諸葛亮仔細權衡、分析以後，認為在東吳問題上應從長遠的利益來考慮事情的得失，與東吳絕交，雖能出一時之氣，洩一時之忿，但對於蜀漢北伐統一的大業有失。因為只有穩住了孫權，蜀國才能減輕東顧之憂，而專注於北伐討魏，如果能與東吳結成聯盟，才更有利於抑制曹魏的勢力。

諸葛亮還強調說，當年漢文帝劉恆與匈奴和親用很謙卑的語言寫信，先帝劉備為了要與東吳修好，曾割讓三郡給孫權訂立了湘水之盟。這表面上看起來好像是「失」，但對長遠的事業有益，因為這是「應權通變、弘思遠益」的措施。

諸葛亮分析問題的利弊、權衡事情的得失，是大政治家的眼光，既能著眼於當前的客觀事實，又能顧及長遠的大局和利益。

春秋戰國時，晉獻公攻打虢國，必須借虞國的道路經過。晉國的謀臣荀息建議獻公拿宮中的寶玉和駿馬與

虞國作交易，以換取虞國提供讓道的方便。

獻公聽後，有些不大願意，因為這寶玉非同一般的玉，而是他的祖先留下的傳家寶，這駿馬也不是一般的馬，而是他心愛的寵物。獻公又擔心把寶玉和駿馬作為禮物送給虞國後，虞國反臉不認人，得了禮物又不肯借道。

荀息便反覆勸說，將事情的利害關係擺在他面前，說：「如果虞國沒有誠意借道路給我們，想他們也不敢收下這禮物。如果我們以寶玉、駿馬作為誘餌來換取借道之便，那麼，我們將來只要一攻下虢國，唇亡齒寒，那虞國不也就要成為我們的甕中之鱉了嗎？這樣的話，暫時把寶物送給虞國，不就像寶物從自己的這一倉庫移到另一個倉庫嗎？」

一番精闢入理的分析，一下子就點醒了獻公。獻公終於獻上了寶玉、駿馬。

而在虞國那邊，為了是否接受晉國的禮物，是否借道的問題也展開了爭論。宮之奇以「唇亡齒寒、輔車相依」的道理說明虞國與虢國相互依存的關係，力主不予借道。

後來事情果然與荀息和宮之奇所預料的，晉國一滅虢國，就順勢也把虞國滅了。寶物最後也完好如初地歸還到了晉國的手中。

諸葛亮，你在說什麼？

生活智慧

為人處世，得失之間不可不明鑒，利弊兩端不可不權衡。

為了長遠利益，不可斤斤計較眼前的得失而坐失良機，也不可以只看到眼前的蠅頭小利而因小失大。

每一個行動，每一個舉措，是得是失，是利是弊，要用辨證的眼光來洞察，要左看右看，前看後看，不可拘泥於一時、一隅。

還好不遠的地方有小島！

識時務者爲俊傑

你確定那是小島⋯⋯

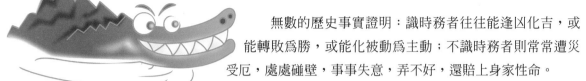

　　無數的歷史事實證明：識時務者往往能逢凶化吉，或能轉敗爲勝，或能化被動爲主動；不識時務者則常常遭災受厄，處處碰壁，事事失意，弄不好，還賠上身家性命。

　　戰國前後，秦王滅了魏國，又準備出兵攻打楚國。他找來大將李信和王翦共商軍機大事。問出多少兵可拿下楚國，莽撞的李信爲了迎合秦王傲慢輕敵的心態，說只要二十萬兵力就可，而王翦則實實在在的加以估計，說需要六十萬人馬才行。

　　結果，秦王覺得王翦膽怯無能，便把李信誇獎了一頓，讓他領了二十萬的兵力去攻打楚國。

　　受到秦王的猜疑，王翦很識相，也很知趣，便託病回到了頻陽縣老家去養病。

　　王翦在此情況下稱病而歸也好。因爲，秦王要清醒，要轉變思想，需要一個過程。耐心地等待李信的失敗，讓秦王意識到自己的錯誤，也需要時間。

　　後來，李信一到楚國就吃了敗仗，只得落荒而逃。秦王終於醒悟，只得親自出馬到頻陽縣把王翦請了出來，並放手讓他領兵打仗，王翦終於成了功臣。

　　狡兔死，走狗烹；飛鳥盡，良弓藏；敵國破，謀臣死。越王句踐手下的謀臣范蠡深知此理，看出了越王同得起患難，共不起安樂的爲人，在輔佐越王破吳後，不失時機地激流勇退，逃去做生意，既避了災厄，又發了大財。而漢時淮陰侯韓信則不具范公的這種識時務的眼力，不知進退，最後落得身毀人亡。

　　燕國大將樂毅英勇善戰，一口氣能破齊國七十餘座城池，可是，不被燕王信任。樂毅審時度勢，覺得燕國不是藏身之地，便三十六計走爲上策，隱姓埋名逃到趙國，保全了性命。趙國大將李牧抗秦有功，只因小事得罪於趙王，處境艱困，可是李不知迴避，最後落得斬首示衆的結局。

諸葛亮一生英雄，常勝不敗，在於他能識時務，通權達變。

諸葛亮能識時務，所以選擇隱居之途，能夠「苟全性命於亂世」。

諸葛亮能識時務，所以雖深居隆中僻地，卻能知曉天下發展大勢，探尋到安邦治天的妙法良策。

諸葛亮能識時務，所以能相機而動，擇明主劉備而從，為自己找到用武之地。

諸葛亮能識時務，所以……

識時務，重要的是要能看出事情發展的趨勢，看清自己處境的安危，能看風頭，察潮向。否則，就會身履薄冰而不知，脖擱刀刃而不覺。

從前有這麼一個發人深省的故事。

幾個人同時乘船橫渡湘水，船至河中，被浪打翻了。他們都下船游水。其中有一個人儘管竭盡全力，卻怎麼也游不遠。

他的同伴說：「你最會游泳了，怎麼會落在後面？」

那人回答說：「我腰纏千金，太重了，所以一直游不動。」

同伴說：「為什麼不扔掉它呢？」那人沒有答應，搖了搖頭。過了一會兒，他更加疲憊不堪了。

先游到岸上的同伴大聲的向那人呼喊：「你太蠢了！性命都快保不住了，還要錢財幹啥呢？」

那人還是直搖腦袋，不一會兒，他就被浪潮吞沒了。這個人也實在是太蠢了。

國王真是用功，研究天文學……

識人的方法

……原來他在偷窺王妃

人活在世上難免要與人打交道，與人打交道，自然要了解人。諸葛亮把他長期與人打交道的經驗加以總結，提出了很多識別人的辦法。

◎注意對方的眼睛，以觀察對方的內心世界。「眼為心之鏡」，透過這面鏡子，可以了解一個人的內心動向。記得在觀察一個人的時候，不僅要聽他說了些什麼，怎麼說，同時還要察看他的瞳孔。因為瞳孔無法掩飾一個人內心的善惡。

◎跟對方約定做什麼事情的時候，看他是否守信用。

◎用某種具有謀略的事物來徵詢對方的意見，看看對方的反應，是否有什麼主見，還是有什麼好的點子，從這些地方來觀察他是否有見識，以及見識的高低，智慧、學養的深厚。

◎故意或刻意讓對方處理一些有關財務的事情，看他是否會見利忘義。

◎用是非去試探對方，看他是否能穩住腳跟，不動搖立場。

◎把某個困難的問題推到對方的面前，看他是否有迎難而上的勇氣和膽量。

◎用詭辯的方式來為難對方，觀察他瞬間的反應，看他是否善於應變。

◎讓對方喝酒，把他灌個酩酊大醉，使他的眞性情曝露出來。

漢朝末年，國舅董承奉獻帝之命討伐曹操，與西涼太守馬騰原共謀此事。起先，董公對馬太守伐曹的誠意不甚了解，便用上述中的一種方法來測試對方，他說：「曹丞相是國家倚重的棟樑之臣，不能侮辱、輕視他。」馬太守聞言大怒，痛罵曹操是「國賊」，不是好東西。這一測試，顯得馬太守還眞有誅除曹操的堅定立場。

生活
智慧

人活在世上，到不同的場合，見不同的人物，有時還真的很難一見真偽，有的人看起來溫文爾雅、道貌岸然，但很可能滿肚子的男盜女娼；有的人貌似謙卑恭瑾、和藹可親，然而骨子裡可能是個狂妄自大、心地險惡的小人；有的人表面上看起來憨厚，但實際上狡詐又圓滑；有的人看起來面目可憎，但卻心慈手軟；「人不可貌相」。單從外表觀察是很難看透一個人的，所以就要多法聯用，長時間的試探、觀察。諸葛亮一生看人、用人都是這樣的。

我會復國的！

人無遠慮，必有近憂

十年後‧‧‧‧‧‧

你這句話已講十年了‧‧‧‧‧‧

　　諸葛亮說：「君子行事，無論大小，都要深思熟慮，著眼近處，但作長遠的謀劃。人沒有長遠的考慮，必有眼前的憂患。君子處世常常要以他自身和周圍的條件、環境做參考，思考問題不超出自己所處的地位和自己的能力範圍。

　　大事的發起很困難，小事的產生較容易。因此，要想獲得利益，必須先預想到危害，要想成功，必須先想到可能的失敗。九層的樓台，雖然很高，但也容易塌壞，所以登高遠望的人不應忽視下邊的危險，向前觀望的人也不可無視身後的威脅。」

　　吳王夫差當年接受了越國進貢美女西施後，吳國的謀臣伍子胥，看出越國進獻美女是黃鼠狼給雞拜年，因而擔心吳王將栽在「美人計」上。居安思危，所以力勸吳王不要貪戀女色。

　　秦穆公當年興師伐鄭，秦國老臣蹇叔想著秦軍跋山涉水、偷襲遠方的鄭國一定是「師勞力竭」、「遠主備之」，秦軍將是狼狽敗北。思近慮遠，所以，他力諫穆公不要窮兵黷武。

　　建興二年，益州名士，主簿杜微因老病請求歸鄉，諸葛亮給他寫了封信，希望他留下來繼續工作。在信中，諸葛亮闡說了自己的施政要略：讓農民休養生息，發展農業生產，屬兵講武，培訓一支勇敢善戰的軍隊。

　　事實上，這個時候的蜀中政治、經濟形勢都還不錯，而且魏吳相爭，也使得蜀漢能從戰火中暫時擺脫出來。在這樣的境況下，諸葛亮爭取時間守關勤農，發展生產，整修武備。這就是爲了蜀漢的未來著想，因爲要實現「兵不戰民不勞而天下定」的理想，少

不得要打仗，而要打勝仗，沒有軍隊、武器不行，沒有糧食更不成。

　　可見，處世行事，要能從長計議，既能明察目前事態的變化，又能多朝未來著想。

十年後……

SALE

　　英雄智士在謀大事、繪鴻圖、打江山、坐天下的時候，要周密地思考，長遠的計畫，普通人在動一念、謀一事的時候，也應當深思遠慮，綜觀全局，不可以鼠目寸光，只盯住眼前的蠅頭小利而不顧將來結局的得失利弊。

生活
智慧

國王提倡全國節約……

一但花大錢慣了，由奢入儉太難

提倡儉約

諸葛亮認為驕奢淫逸一來容易壞了自己的德行，二來有害於創業打天下，三來不能在部下面前做個好榜樣。

諸葛亮在古時中國的封建社會裡，是一國的權臣，地位不可謂不高，輔佐兩朝，功勞不可謂不大。

照道理說，他死後的墳墓應該建大一點，葬禮應該氣派一些，但是，諸葛亮覺得這樣做是一種無謂的浪費。他在臨終前留下遺囑，只要依山建墓，容得下棺槨就好，又說，入殮時穿平常穿的衣服，不要隨葬物品。

諸葛亮生前省吃儉用，不敢鋪張浪費，死了也不肯「瀟灑」地排場一下，風光地進入另一個世界。終其一生，節儉成習，真是難得。

在諸葛亮的影響下，蜀漢集團戒奢成習，節儉成風；姜維「側室無妾媵之藝，後庭無聲樂之娛」；費禕令兒子布衣素食，自己則「出入不從車騎，無異凡人」。

上古的舜帝在位的時候，曾想把宮殿佈置得漂亮些，便準備叫人造出一批漆器。漆器在今天只是出土文物罷了，可是在那個不甚開化的時代可說得是夠奢侈的豪華品了。

舜帝把製造漆器的事拿來與臣子們商量，想不到遭到眾多臣僚的勸阻。

時至唐朝，開國皇帝太宗李世民對群臣勸阻舜帝製作漆器的事有些疑惑，便問身旁的諫議大夫褚遂良：「舜帝造漆器，招來十幾個臣子的勸諫。造些漆器不事小菜一碟，還用得著勸阻嗎？」

褚遂良分析說：「漆器在那個時候是奢侈品，如果任君主奢侈，那很快就會招來亡國之禍。因為群臣如果不勸止他，這樣發展下去，君主不僅會做漆器，而且還會拿金玉來做器皿。這樣的話，君主在不知不覺中染上了奢侈的毛病，肆意揮霍，只圖享受，將來不是要招來天怒人怨嗎？而君主不也很快就會垮台嗎？」

君臣位居顯要，手握大權，如果一味沉淪於享受中，哪還有心思料理朝政？再則，上樑不正下樑歪，在上的君臣迷於享受，在下的官吏豈有不縱慾、不奢侈的道理？想三國後主劉禪當年，紙醉金迷，荒於國事，最後不是弄得把大好的河山送給了魏國？

生活
智慧

就人的本性來言，哪一個人不想生活過得舒適一點，食衣住行高級些，但是這樣做，容易壞了自己的德性，而且成由勤儉敗由奢，勤儉持家是很重要的事。

因為，我們可能忽略了，過日子也不是一件很容易的事。所謂吃不窮，喝不窮，算計不到一世窮。如果不「算計」，節儉不夠，奢侈成性，或者根本就是花天酒地，大吃大喝，那麼，你一定會「一世受窮」，甚至走入絕境。

國王果然精力充沛，一直笑容可掬……

適時表達情緒

原來他早就昏了！

人是七情六慾的動物，表露喜怒哀樂等各種情緒是很自然的一件事。但這還是要看場合，要看對象，要看時候，要把握分寸，要恰到好處。什麼時候發怒，什麼時候喜悅，都不可逞一時之快。

唐代文學家皮日休有一則「悲摯獸」的寓言，講一個老虎樂極生悲的故事。

有一天，一個手持弓箭的農夫在靠近蘆葦的莊稼田邊行走，忽然聽見蘆葦叢中傳來響聲。農夫摒住呼吸走近時，那蘆葦上的花穗不吹而飛，好像有什麼動物在裡面嬉鬧。定眼一看，是隻老虎。

那老虎在那兒蹦呀跳的，還不斷地發出叫嘯聲。看那樣子，像是發現了獵物而高興得發狂似的。農夫見狀，以為他是發現了自己這個「獵物」而欣喜若狂，連忙躲在一旁，拿起弓箭來防衛。等那老虎再蹦跳歡娛時，農夫便張弓猛射，老虎終於應聲倒地。

農夫走近一看，那老虎枕著一隻死鹿死了。

老虎本來有一頓美食的，沒想到這麼快樂的事頃刻之間就變成了最悲慘的事。

諸葛亮在《便宜·喜怒》中說到：「君子處世，不為不值得高興的事而高興，不為不值得發怒的事而發怒。喜怒的時候能掌握各自的分寸、界限，憤怒的時候不傷害無辜的人，喜悅的時候不阿附邪惡的人。憤怒的時候不可以又喜悅，喜悅的時

候不可以又發怒。君子威而不猛，忿而不怒，憂愁而不恐懼，高興而不狂歡。」

諸葛亮是智謀超群的英雄，是權傾一國的功臣，但他也是一個有血有肉、有七情六慾、活生生的人。在工作中，在生活中，他也自有喜怒哀樂種種情緒的表露。但是，「諸葛一生唯謹慎」，他對情緒的表露也講究「火侯」，把握著分寸。

諸葛亮在得知魏將郝昭據守孤城，負嵎頑抗，不肯降服時，他對著將士們大笑道：「量此小城，豈能禦我！休等他救兵到，火速攻之！」諸葛亮如此大笑，在眾將士面前把他藐視敵人的慷慨，克敵制勝的信心都「笑」出來了。

諸葛亮在知道李嚴因軍糧不濟而妄奏天子，遮飾己過時，他勃然大怒，喝令武士欲斬之。諸葛亮這麼一怒，顯出了嫉惡如仇的真情，嚴正執法的威勢。

諸葛亮在得知關羽之子關興病亡軍中的消息時，放聲大哭，昏倒於地。諸葛亮的這麼一哭，讓人見到他愛將的真情，惜才的心切。

生活智慧

　　我們不論在生活中，或者是在工作中，或者待人接物時，都要注意情緒的表露。如果情緒能夠自如的控制，而且表達時又能恰如其分，往往可以得到異想不到的成功。

沒有不求人的人

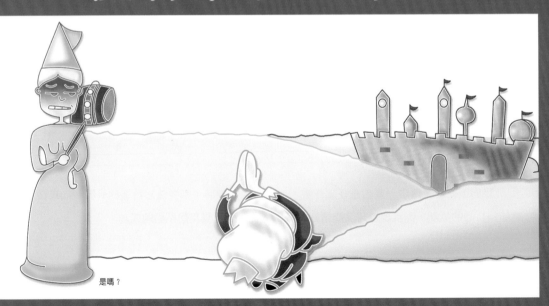

諸葛亮文韜武略，智勇雙全，在中國人的心目中是智慧的化身。但要成就事業，還需要部下的同心協力。譬如說：拿主意、定策略，諸葛亮往往需要蔣琬、費禕等人坐下來一塊兒商議、敲定；率士卒、上前線、破敵陣，諸葛亮又往往需要龐統、黃忠、姜維等人拼死效力；搞外交、作說客，訂盟約，諸葛亮又常需要陳震、鄧芝等人出面斡旋……。這一切讓諸葛亮體會到「孤掌難鳴」的眞意，所以他說：「依人之利，則無往而不勝。」

　　因此，我們可以了解到，一個人即使再怎麼神通廣大、本領高強，也有無可企及的地方，魚有魚路，蝦有蝦路，有些人即使看起來笨頭笨腦，一無所長，但有時也能有派上用場的地方，做成一些「能人」所不能做得出來的事情。

　　安泰可以說是希臘神話中無往而不勝的英雄，他的力氣其大無比，可威風得很，但也有令其喪命的短處和弱點：他如果離開了大地母親，就再也沒有英雄的風光了。這時候的他，反倒有「狗熊」的無奈與難堪。

　　「火眼金睛，七十二變；一棒千鈞，伏妖降魔」的孫猴子，他的本事不可謂不大，但是他的金箍棒也並不是威力無邊，不是所有的妖魔就一棍子能打死，打不死的時候，也得求助於觀音等菩薩神人小施仙法。

　　所以說，世上或許有不求人的神靈，但絕沒有不求人的人。

諸葛亮，你在說什麼？

生活智慧

寸有所長，尺有所短。人亦如此。更何況「人」字的結構本來就是相互支撐！

你、我、他，生活在這個地球上，構成了一個「大家」，你、我、他，要生存得輕鬆、愉快、順利，就得與「大家」中的其他成員發生關係，不是你幫助人家，就是求人家幫助你，你為人人，人人為你。所以，讓我們做一個有求於人的人吧！

我不信我會比其他人膽小……

嫉「妒」如仇人

天啊！……被我矇中……

人人都有羨慕別人的時候，羨慕如果出自於誠服或者是敬佩，那麼，這樣的心情就能化作鞭策自己前進的動力。羨慕如果變了質，被畸形的心態所控制，就會孳生出「嫉妒」的毒菌，讓人「紅」了眼。

戰國時，魏國有個大將軍，名叫龐涓，他與孫臏是同門弟子，也曾經是好朋友。龐涓先出師門，來到魏國當了大將。後來，孫臏也來到魏國。這孫臏比起龐涓來，本事確實要高出一籌，指揮軍事、運用兵法，都是一時之選。孫臏因此很受魏王器重。這樣，就讓龐涓很擔心，怕以後有孫臏就沒有他龐涓了。

這樣的擔心，隨著時間的流逝，漸漸地變成嫉恨，甚至生出了害人之心。他在魏王面前打小報告，盡說孫臏的壞話，最後害得孫臏蹲大牢，受大刑，且被剜了一雙膝蓋。

這下子，在魏國就再也沒有別人壓在他的頭上了，他感到心滿意足。哪知孫臏後來被人救到了齊國，被齊王重用為軍師。孫臏為報當年剜足之仇，在齊、魏之戰中，便將龐涓誘殺在馬陵道上。

可見，嫉妒別人，甚至不擇手段地在背後害別人的人，結果是害人毀自己。所以，諸葛亮把嫉賢妒能作為人生一大戒，說「嫉賢妒能」是為將之弊，說「毀譖賢良」是軍國之害。

生活
智慧

　　人比人氣死人，只要有比較的心理，就難免會有別人比自己強的情形，如果因為這樣而心生嫉恨，即使不害人，不損人，往往也心生煩惱，不甚痛苦。自己不如人，本來就不幸，如果再妒恨人，那麼就無異於在痛處撒鹽，痛上加痛。

　　的確，嫉妒是人生的一大弊害，它是一種惡習，一種畸形的心理，是人格不健全的一種表現，我們應該極力戒之。

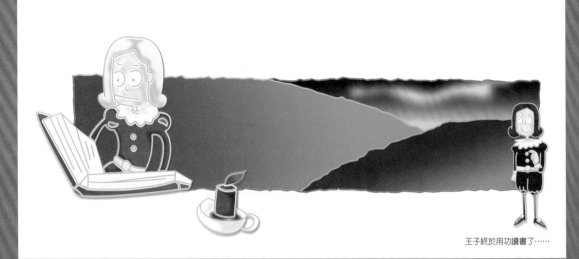

王子終於用功讀書了……

智慧從學習中來

你有沒有聽到……太神奇了！竟能睜著眼睡著。

諸葛亮說：「才須學也，非學無以廣才。」又說：「爲將而不通天文，不識地理，不知奇門，不曉陰陽，不看陣圖，不明兵勢，是庸才也。」

諸葛亮當年結廬隆中時，潛心學習，刻苦讀書，讀了幾年，書也讀了不少，但就是對書中的某些義理還參不透，有如淵深的江河一竿子下去難探深淺似的。

諸葛亮深深爲此苦惱。

有一天，襄陽名士司馬徽來訪。面對名師，諸葛亮傾訴了胸中的苦悶。

司馬徽聽了以後，不禁撫掌大笑，連聲說：「以君子之才，當訪求名師指點。龐公常以璞玉渾金比喻你，現在正是時候，我已給物色到了一位開璞之匠，煉金之師了。」

於是，司馬徽把年輕的諸葛亮介紹了住在海南靈山的一位隱士，名叫酆玖，叫他師事這位隱士。

既然這位隱士是「開璞之匠，煉金之師」，就應該會有一些「開璞」「煉金」的舉動。可是諸葛亮在這裡居住了一整年，也不見這位「匠」「師」有什麼「開璞」、「煉金」的動作，每天就只是叫他做些挑水、掃地的粗活。

這樣的日子過了一年。有一天，隱士拿出《三才秘錄》、《兵法陣圖》、《孤虛相旺》三本書，對諸葛亮說：「你不必再幹活了，只要把這三本書拿去認眞揣摩，百天以後再來談談。」

諸葛亮自此就整天在家琢磨這三本講兵法陣圖、治國安邦之道的書，漸漸嚼出一點味道來。

百天之後，與酆公對答，酆公發現諸葛亮參透了書中的義理，又有自己的見解，很是滿意。諸葛亮不久回到隆中，龐公等師友與之聚談，對之都刮目相看，稱之爲「臥龍」。

生活
智慧

　　知識是開啟人才能之門的鎖匙，讀書學習是走向智慧殿堂的通路。知識越豐富，觀察事物的眼力就越敏銳，分析問題的思維就越縝密，排憂解難的方法就越機智，而讀書學習越多，相應的學識就越豐厚、廣博。

　　但是，學習不只是要讀書，讀有字的書，也要讀無字的書。從生活、實踐中去學習，學一些無法從有字書可以學到的東西。君不見，諸葛亮在赤壁大戰的前幾天就能預測到三日之內必有大霧，這就是從無字書中所學習到的神機妙算。

106-□□
台北市新生南路3段88號5樓之6

揚智文化事業股份有限公司　　收

□□□-□□

地址：　　市縣　　鄉鎮市區　　路街　段　巷　弄　號　樓

姓名：

Leaves
Publishing

書號 L1003　　　書名 諸葛亮，你在說什麼？

葉子出版股份有限公司

讀・者・回・函

感謝您購買本公司出版的書籍。
為了更接近讀者的想法，出版您想閱讀的書籍，在此需要勞駕您
詳細為我們填寫回函，您的一份心力，將使我們更加努力！！

1. 姓名：＿＿＿＿＿＿＿＿

2. E-mail：＿＿＿＿＿＿＿＿

3. 性別：□ 男 □ 女

4. 生日：西元＿＿＿＿年＿＿＿＿月＿＿＿＿日

5. 教育程度：□ 高中及以下 □ 專科及大學 □ 研究所及以上

6. 職業別：□ 學生 □ 服務業 □ 軍警公教 □ 資訊及傳播業 □ 金融業
　　　　　 □ 製造業 □ 家庭主婦 □ 其他＿＿＿＿＿

7. 購書方式：□ 書店 □ 量販店 □ 網路 □ 郵購 □書展 □ 其他＿＿＿＿＿

8. 購買原因：□ 對書籍感興趣 □ 生活或工作需要 □ 其他＿＿＿＿＿

9. 如何得知此出版訊息：□ 媒體＿＿＿＿＿ □ 書訊 □ 逛書店 □ 其他＿＿＿＿＿

10. 書籍編排：□ 專業水準 □ 賞心悅目 □ 設計普通 □ 有待加強

11. 書籍封面：□ 非常出色 □ 平凡普通 □ 毫不起眼

12. 您的意見：＿＿＿＿＿＿＿＿＿＿＿＿＿＿＿＿＿＿＿＿＿＿＿＿＿＿＿＿＿
＿＿＿＿＿＿＿＿＿＿＿＿＿＿＿＿＿＿＿＿＿＿＿＿＿＿＿＿＿＿＿＿＿＿

13. 您希望本公司出版何種書籍：＿＿＿＿＿＿＿＿＿＿＿＿＿＿＿＿＿＿＿＿＿

☆填寫完畢後，可直接寄回（免貼郵票）。
　我們將不定期寄發新書資訊，並優先通知您
　其他優惠活動，再次感謝您！！

Leaves
Publishing

根
以讀者爲其根本

莖
用生活來做支撐

葉
引發思考或功用

果
獲取效益或趣味